ULLSTEIN

Das Buch

Europa steht vor gewaltigen Herausforderungen – so Altbundeskanzler Helmut Schmidt. Frieden, Freiheit und Wohlstand sind in Europa keineswegs auf Dauer gesichert. Angesichts der sich weltweit dramatisch verändernden Rahmenbedingungen müssen neue Probleme bewältigt werden, deren Dimensionen vielen Verantwortlichen – auch manchen Politikern in Berlin – noch gar nicht klar sind. Nur wenn Europa gemeinsam auftritt, hat es angesichts der globalen Herausforderungen eine Chance, im Konzert der Weltmächte gehört zu werden. Aber trotz großer Fortschritte ist die Europäische Union noch zu schwerfällig, außen- und sicherheitspolitisch gar noch lange nicht handlungsfähig – das beweisen nicht zuletzt die vielfachen Differenzen mit den USA. Eine rasche Zunahme der teilnehmenden Staaten könnte die Funktionsfähigkeit der EU zusätzlich gefährden; wenn ihre innere Entwicklung nicht Schritt hält mit ihrer Erweiterung, ist ihr Scheitern keineswegs ausgeschlossen. Anhand dieser Diagnose entwickelt Helmut Schmidt eine Reihe von Vorschlägen für die weitere Entfaltung der Europäischen Union und zeigt Perspektiven für eine zukunftsorientierte Politik.

Der Autor

Helmut Schmidt, geboren 1918 in Hamburg, saß für die Sozialdemokraten im Bundestag (1953–1961, 1965–1987), zeitweise als SPD-Fraktionsvorsitzender. Er war Hamburger Innensenator, Bundesverteidigungsminister, Bundeswirtschaftsminister, Bundesfinanzminister und schließlich von 1974 bis 1982 Bundeskanzler. Er ist Herausgeber der Wochenzeitung *Die Zeit* und hat zahlreiche Bücher veröffentlicht.

In unserem Hause sind von Helmut Schmidt bereits erschienen:
Erkundungen

Helmut Schmidt

Die Selbstbehauptung Europas

Perspektiven für das 21. Jahrhundert

Ullstein

Ullstein Taschenbuchverlag
Der Ullstein Taschenbuchverlag ist ein Unternehmen der
Econ Ullstein List Verlag GmbH & Co. KG, München
Aktualisierte Taschenbuchausgabe
1. Auflage 2002
© 2000 by Deutsche Verlags-Anstalt GmbH, Stuttgart München
Umschlaggestaltung: Thomas Jarzina, Köln
Titelabbildung: J. H. Darchinger, Bonn
Gesetzt aus der Sabon und Gill Sans, Linotype
Satz: KompetenzCenter, Düsseldorf
Druck und Bindearbeiten: Ebner & Spiegel, Ulm
Printed in Germany
ISBN 3-548-75079-6

Inhalt

Vorwort zur Taschenbuchausgabe 11

I Neuartige Weltprobleme 23
Prognose und Realität – Die neuen Weltmächte

Die Grenzen der Natur 32
Die Bevölkerungsexplosion setzt sich fort – Die Schätzungen der UN – Wanderungsbewegungen – Der Treibhauseffekt verstärkt den Migrationsdruck auf Europa – Mögliche soziale und politische Folgen des globalen Temperaturanstiegs

Vor neuen Kriegen 37
Die großen Flüchtlingsströme am Ende des 20. Jahrhunderts – Die Rolle der Vereinten Nationen – Das Eingreifen im Kosovo: ein Verstoß gegen die Charta der UN – Die Interessen der intervenierenden Staaten – Kein Ende der Rüstungswettläufe – Der Fluch der Rüstungsexporte – Droht ein »*Clash of Civilizations*«? – Fundamentalismus auf allen Seiten – Die Verantwortung der Weltreligionen

Technologische und
ökonomische Globalisierung 46
Die unheimliche Beschleunigung des technischen Fortschritts – Die Vernetzung der Forschung – Der Vorsprung der USA – Das Internet als Tummelplatz des Verbrechens – Die Überwindung

von Zeit und Raum – Das Beispiel Südostasien – Mühsame Anpassungsprozesse in den Entwicklungsländern – Neuer Wettbewerbsdruck in den alten Industriestaaten – Handelsbeschränkungen sind keine Lösung

Raubtierkapitalismus 55
Spekulationen rund um den Globus – Machtverlust der nationalen Parlamente und Regierungen – Gefährliche Wechselkursschwankungen – Der Weltwährungsfonds: vom Ordnungsfaktor zum verlängerten Arm der USA – Die Notwendigkeit einer neuen globalen Finanzarchitektur – Fusionitis und Aktienhysterie – Obszönitäten des Kapitalismus

Amerikanische Dominanz 69
Unwägbarkeiten der amerikanischen Außenpolitik – Avancen und Drohungen gegenüber Rußland ... und gegenüber China – Das außenpolitische Desinteresse der Amerikaner – Ihr nationales Sendungsbewußtsein – Die sogenannte »neue NATO« – Drohende Interessenkonflikte mit den europäischen Verbündeten – Amerikanische Pseudokultur – Die Macht der Medienkonzerne – Der Siegeszug des amerikanischen Englisch

II Herausforderungen Europas 79
Generationenwechsel: ein anderes Bewußtsein von Geschichte – Ein Blick in das Jahr 2025 – Chancen und Risiken der nächsten Zukunft

Die notwendige Bündelung
europäischer Interessen 85
Zwei Bedingungen künftiger Entwicklungshilfe – Von den Klimaschutzkonferenzen zu einer globalen Energiepolitik – Zur Entstehungsgeschichte des Euro – Die Bedeutung der gemeinsamen

Währungs- und Finanzpolitik – Die Neuordnung der globalen Finanzmärkte – Das Beispiel Airbus und Europäische Raumfahrt-Agentur – Rüstungs-Zusammenarbeit

Divergierende Sicherheitsinteressen
gegenüber Amerika 96
Die Sicherheitsinteressen Europas sind geographisch begrenzt – Wann und wo sollen NATO-Soldaten eingesetzt werden? – Der Balkan als Beispiel – Kurzer historischer Abriß – Die skurrilen Grenzziehungen des Dayton-Abkommens – Interventionen bedeuten keine Lösung auf Dauer – Die unbekümmerte Dominanz der Amerikaner – Der Zwei-plus-Vier-Vertrag

Der gefährliche Hang zum Zentralismus 107
Viele Probleme der EU sind hausgemacht – Die Dringlichkeit institutioneller Reformen – Ein Wust von Richtlinien und Vorschriften – Die Quarantäne Österreichs: eine peinliche Einmischung – Die Papierflut – Der Europäische Rat als Stempelmaschine der Bürokraten – Zuständigkeiten an die nationalen Parlamente und Regierungen zurückgeben! – Die sozialen Probleme in den Mitgliedsstaaten können nicht einheitlich geregelt werden – Die EU darf den Nationalstaat nicht aushöhlen

Ein Wort zum Nationalismus 114
Patriotismus ist notwendig, übersteigerter Nationalismus muß bekämpft werden – Nur im Rahmen der EU sind wir den Herausforderungen gewachsen – Die Entfaltung der EU liegt im nationalen Interesse der Mitgliedsstaaten ... insbesondere Deutschlands

III Die allmähliche Entfaltung der Europäischen Union 119
Der Europagedanke im Lauf der Jahrhunderte – Die beiden großen

Anreger: Winston Churchill und Jean Monnet – Die beiden wichtigsten strategischen Motive zu Beginn des Integrationsprozesses

Die verdächtigen Deutschen 126
Gegenseitige Verzerrungen in der Darstellung des Nationalcharakters – Helmut Kohl und die Grenze an Oder und Neiße – Deutschlands schwierige geographische Zentrallage – Die Sorge der Nachbarn

Schritt für Schritt 130
Rückblick auf ein halbes Jahrhundert europäischer Integration – Die drei strategischen Prinzipien am Beginn des 21. Jahrhunderts – Krisen der EU seit ihren Anfängen – Der bisherige Erfolg ist Grund zum Stolz, aber noch nicht zur Zufriedenheit

Weder Bundesstaat noch Staatenbund,
sondern Union 137
Das Einstimmigkeitsprinzip oder Wer regiert die EU? – Die überflüssige Diskussion über Ziel und Zweck der Union – Warum der Begriff »Vereinigte Staaten von Europa« politisch nicht hilfreich ist – Das Subsidiaritätsprinzip – Fünfzehn Staaten, zwölf Sprachen – Die Rolle der Dolmetscher – Die Dominanz des Englischen als Arbeitssprache

Nationale Identität
und transnationale Integration 147
Nationale Eigenart ist ein hoher Wert ... und zugleich ein Integrationshemmnis – Die besondere Rolle Englands – Die Nachfolger de Gaulles – Die Holländer: fast ideale Europäer – Die Europa-Bilanz der Deutschen – Von Anfang an engagiert: Italien

Die neuen Mitgliedsstaaten 158
Zwölf Beitrittskandidaten – Bedingungen und Probleme – Polen

muß zu den ersten gehören – Die EU darf sich keine Unruheherde einverleiben – Die Reihenfolge der Beitritte ist noch offen – Die Reform der EU muß zeitlich Vorrang haben

Innere Reformen 167
Gefahr der Erstarrung – Neue Stimmenverteilungen, neue Beschlußverfahren – Das Einstimmigkeitsprinzip muß drastisch eingeschränkt werden – Gleiches gilt für die Zahl der Kommissionsmitglieder – Alle Vertragstexte gehören in ein einziges Dokument ... und in lesbare Form gebracht – Bei der Diskussion über eine Grundrechts- und Sozial-Charta ist Vorsicht geboten – Die Zahl der Ministerräte verringern

Handlungsfähigkeit nach außen 177
Die Außenpolitik entzieht sich einer weitgehenden Regulierung – Um so notwendiger ist die enge Abstimmung der Grundlinien – Aber wer ist zuständig? – Die Überschneidungen zwischen EU, NATO und WEU – Die »Europäische Sicherheits- und Verteidigungsinitiative« (ESDI) – Die Übermacht der USA – Potentielle Interessenkonflikte mit Washington – Die Befehlsstruktur der NATO

Über das erste Jahrzehnt hinaus 187
Die drei selbstgestellten Aufgaben der EU – Mit einer Stimme sprechen – Unabhängigkeit von den USA – Gemeinsame Positionen gegenüber China und Rußland ... auch in den UN – Pragmatismus statt Utopien – Europa der zwei Geschwindigkeiten? – Verschiedene Geometrien – Die Vorschläge von Jacques Delors – Das deutsch-französische Tandem – Ein Kern innerhalb der EU und außerhalb ein Ring assoziierter Staaten – Rechte und Funktionen des Europäischen Parlaments müssen erweitert werden – Die EU bleibt einem dynamischen Prozeß unterworfen – Kein Grund zur Skepsis

IV Die gemeinsame Substanz 203
Das Europa der Vaterländer – Die kulturelle Identität der Europäer – Warum einige Völker daran weniger beteiligt sind – Kein Zweifel über Polen, Ungarn, Tschechen und die drei baltischen Nationen

Die eigenständige Kultur Rußlands 211
Musik, Literatur und Geschichte – Politische, ökonomische und soziale Probleme als Erbe der kommunistischen Herrschaft – Keine unerbetenen Ratschläge des Westens – Rußland bleibt eine Weltmacht

Nachbarschaft mit dem Islam 217
Das Kalifat von Cordoba – 300 Millionen Muslime in Europas Nachbarschaft – Gegenseitige Vorurteile – Warum die Türkei nicht in die Europäische Union gehört – Geopolitische Aspekte – Religiöser Fundamentalismus – Die Instabilität der politischen Verhältnisse – Ermahnung zur Toleranz

Das geistige Europa
im Zeitalter des Kapitalismus 225
Europäische Ideologien – Gesellschaftliche Grundwerte – Der Kapitalismus bedarf der moralischen Bändigung und der Ordnung – Demokratie braucht Führung – Persönliche Glaubwürdigkeit – Erziehung: nicht allein durch das Fernsehen! – Eine europäische Ethik

Kann die Union den Erwartungen
der Bürger gerecht werden? 233
Die hohen Erwartungen der Menschen in den Beitrittsstaaten – Skepsis in der Union – Realismus der Politiker ist nötig – Die Rolle der Nationalstaaten und die Identität Europas – Ein Aufruf an die Medienkonzerne

Zwanzig Thesen und
ein persönliches Bekenntnis 239

Vorwort zur Taschenbuchausgabe

Das blutigste aller Jahrhunderte haben wir hinter uns. Aber der Untergang des Abendlandes hat keineswegs stattgefunden. Im Gegenteil: Die europäischen Diktaturen sind an ihr Ende gekommen; die Grundrechte des Menschen gewinnen an Geltung; der Wille zur Demokratie breitet sich aus. Und seit fünfzig Jahren wächst langsam die Europäische Union heran. Von ihrer denkenswerten Leistung, von ihrer Zukunft und auch von ihren Gefährdungen handelt dieses Buch.

Wir Deutschen, seit zehn Jahren wieder in einem gemeinsamen Staat vereint, haben besonderen Grund zur Dankbarkeit. Unsere Demokratie funktioniert, die demokratischen Lehren und Erfahrungen haben Wurzeln in unserem Bewußtsein geschlagen. Außerdem geht es fast allen Deutschen materiell besser, als es jemals ihren Eltern und Großeltern ging. Auch wegen unserer Geschichte brauchen wir keinem Pessimismus anheimzufallen. Die Verbrechen von Zehntausenden, das Versagen von Hunderttausenden und die politische Verführung vieler Millionen Deutscher haben wir hinlänglich untersucht und offengelegt, mit selbstquälerischer Sorgfalt und in größter publizistischer Breite. Wohl kaum ein anderes Volk hat sich je in ähnlichem Ausmaß öffentlich Rechenschaft über die dunklen Seiten seiner

Geschichte gegeben. Es wird zwar über manchen Aspekt unserer Vergangenheit auch weiterhin geforscht und gestritten werden, aber wir Deutschen gehen doch in das 21. Jahrhundert mit einem weithin gemeinsamen geschichtlichen Bewußtsein. Und wir wissen uns weithin gemeinsam verantwortlich dafür, daß Größenwahn und Vernichtungswut sich in unserem Volk nie wiederholen dürfen.

Und doch könnte der feste Wille zum Recht und zum Frieden mit allen Nachbarn allein nicht ausreichen. Denn das 21. Jahrhundert wird uns Deutsche, aber ebenso fast alle Europäer mit neuartigen Gefährdungen konfrontieren, auf die wir noch nicht vorbereitet sind. Es ist notwendig, rechtzeitig über diese Gefährdungen zu sprechen, sich Klarheit über den eigenen Weg zu verschaffen und Vorsorge zu treffen.

Es würde nicht helfen, wenn die europäischen Nationen und ihre Staaten sich einfach auf die Führung durch die Amerikaner verlassen wollten. Denn unsere amerikanischen Freunde werden zwar mit ähnlichen Problemen zu tun bekommen wie wir Europäer, aber sie werden versuchen, der Welt Lösungen zu suggerieren, sie ihr möglicherweise sogar aufzunötigen, die vornehmlich im nationalen amerikanischen Interesse liegen. Die USA werden über lange Zeit versuchen, eine Position als »einzige Supermacht der Welt« zu behaupten. Das kann nicht ohne Konflikte mit den Interessen der europäischen Nationalstaaten abgehen.

Gegenwärtig stehen wir noch unter dem bestürzenden Eindruck des 11. September 2001 in Amerika. Die politischen Konsequenzen jenes monströsen Verbrechens sind immer noch nicht abzuschätzen. Deshalb gilt für alle Regierungen und für alle Politiker als erste Verhaltensregel: Kühle, abwägende Vernunft bewahren! Zweitens gilt es, auf eine mögliche Fortsetzung der Verbrechensserie gefaßt zu sein und Vorsorge für die Sicherheit der eigenen Bürger zu treffen. Drittens und zugleich ist eine weitgreifende Spurensuche und Verbrechenserforschung geboten; dazu leisten alle Regierungen der mit den USA befreundeten Staaten der amerikanischen Regierung jedwede Hilfe. Wenn sich Staaten oder Regierungen als auf seiten des Terrorismus beteiligt herausstellen sollten, so kann daraus Krieg entstehen. Um so mehr bleibt kühle Vernunft geboten. Dazu gehört auch, daß wir uns nicht zu religiösem Haß verleiten lassen!

Fast alle religiösen und geistlichen Führer der Welt haben schon im europäischen Mittelalter und seither versäumt, jeglicher religiösen Feindschaft entgegenzutreten. Religiöse Fanatiker gibt es aber in vielen Religionen. Es gibt christliche Terroristen – blicken wir nach Nordirland. Es gibt islamische und jüdische Terroristen – blicken wir in den Nahen Osten. Es ist ein Gebot der Verantwortung und der Vernunft, zu verhindern, daß ein allgemeiner Konflikt zwischen der westlichen Zivilisation und dem Islam entsteht. Möglicherweise ist die Auslösung eines globalen »*clash of civilizations*« geradezu die Hoffnung einiger der Attentäter und ihrer Hintermänner. Es liegt im eigenen Interesse Europas und Amerikas, einen globalen *clash* zu vermeiden.

Die eintausend Völker der Welt sind von sehr unterschiedlichen Religionen geprägt, ebenso von sehr unterschiedlichen kulturellen Traditionen, von unterschiedlichem Geschichtsbewußtsein. Fast alle haben ihre eigene Sprache. In sehr vielen Fällen leben mehrere Völker im gleichen Staat. Es gibt insgesamt weniger als 200 Staaten; bei einer erheblichen Zahl handelt es sich um Zwergstaaten. Schon die Größenunterschiede zwischen den Staaten sind enorm. Deutschland, England, Frankreich, Italien, Polen und Spanien gehören mit Einwohnerzahlen von rund 40 bis rund 80 Millionen zu den mittelgroßen Staaten der Welt. Die Großstaaten Indonesien, Brasilien, Rußland, Pakistan, Japan, Bangladesch, Nigeria und Mexiko sind allesamt bei weitem volkreicher als jeder europäische Staat. Darüber aber stehen die Giganten: China mit mehr als 1 200 Millionen, Indien mit 1 000 Millionen, die USA mit 270 Millionen Menschen.

Ökonomisch befinden sich heute alle Giganten- und Großstaaten, mit Ausnahme der USA und Japans, im Zustand eines Entwicklungslandes – so auch Rußland. Die Masse der 150 Entwicklungsländer steht vor großen ökonomischen, sozialen und innenpolitischen Problemen. Hohe, gleichsam explosive Bevölkerungszuwächse erschweren die Lage (hierin bildet Rußland eine Ausnahme). Auf immer enger werdendem Raum stoßen sich die Stämme, die Völker, die ethnischen und religiösen Minderheiten innerhalb von Staatsgrenzen, die zum großen Teil von den ehemaligen Kolonialmächten ganz willkürlich und rücksichtslos gezogen wurden. Innerstaatliche und zwischenstaatliche Kriege werden häufiger, die Zahlen der Vertriebenen und der Flüchtlinge werden steigen.

Zugleich öffnen sich immer mehr Entwicklungsländer der Globalisierung. Ein Mammut-Verbrechen wie am 11. September 2001 in New York und Washington wäre ohne die Globalisierung des Luftverkehrs und der Telekommunikation nicht denkbar gewesen. Aber nicht nur Wissen und Technologien haben sich globalisiert, nicht nur Information und Kommunikation, nicht nur das Finanzwesen, sondern gleichzeitig hat sich auch die Zahl der Teilnehmer an der Weltwirtschaft in den letzten beiden Jahrzehnten des vorigen Jahrhunderts nahezu verdoppelt.

Für uns Europäer liegt eine Kehrseite der Globalisierung darin, daß manche der Produkte unserer Industrien ihre internationale Wettbewerbsfähigkeit einbüßen; denn manche unserer bisherigen Erzeugnisse können in vielen Entwicklungsländern ebensogut hergestellt werden, aber sie werden deutlich billiger sein. Die USA dagegen haben sich – zumal im letzten Jahrzehnt – in hohem Maße zur Herstellung neuer Produkte und Leistungen befähigt. Die Gründe für den heutigen amerikanischen Vorsprung liegen in den deutlich höheren Forschungsaufwendungen in den USA, sodann in dem sehr freien *spill-over* von solchen Forschungsergebnissen in die Anwendung in der zivilen Wirtschaft und Gesellschaft, welche der Staat zunächst für Militär oder Raumfahrt etc. initiiert und finanziert hatte. Schließlich hat die ungewöhnliche Leistungsfähigkeit der weitgehend autonomen Elite-Universitäten der USA zu dem technologischen und ökonomischen Vorrang Amerikas beigetragen.

Die globalen technischen und wirtschaftlichen Entwicklungen, auch die vorhersehbaren weiteren wissenschaftlichen und technologischen Fortschritte Amerikas, zwingen uns Europäer zu höherer Leistung und zu neuen Anstrengungen, damit wir nicht im Laufe der nächsten Jahrzehnte in das Mittelmaß absinken – und dann resignierend entweder unsere heutige Massenarbeitslosigkeit als dauerhaft hinnehmen oder unseren Lebensstandard absenken müssen. Darüber hinaus gefährdet die Globalisierung der Finanzmärkte die ökonomische und politische Selbstbestimmung vieler Nationalstaaten. Zugleich werden die jedenfalls bis weit in das 21. Jahrhundert andauernde

Explosion der Bevölkerung in Asien und Afrika sowie die klimatischen Folgen der globalen Erwärmung viele Kriege in Asien und Afrika auslösen und infolgedessen Wanderungsbewegungen herbeiführen, die auf Europa zielen.

Gegen künftige globale Gefahren und Bedrohungen kann keiner der europäischen Staaten sich allein behaupten. Aus dieser Einsicht folgt das strategische Prinzip der Selbstbehauptung durch Gemeinsamkeit. Dieses Prinzip muß das Handeln der politischen Führer der europäischen Staaten sehr bewußt bestimmen. Die hohe zukünftige Bedeutung dieses Prinzips hat den Titel dieses Buches bestimmt.

Tatsächlich haben wir es seit der Konferenz und dem Vertrag von Maastricht 1992, welche den Euro ermöglicht haben, mit einem Stillstand der Integration zu tun. Die nachfolgenden Konferenzen in Amsterdam 1997 und in Nizza 2001 haben zwar die übereilte Einladung an zwölf weitere europäische Staaten bekräftigt, der Europäischen Union beizutreten. Aber schon in Maastricht und bis heute haben die Regierungen und ihre Chefs versäumt, die Institutionen und Verfahren der EU zu reformieren und sie dadurch für die beabsichtigte außerordentliche Erweiterung der EU funktionstüchtig zu machen. Die Institutionen waren sehr brauchbar, als es sich in den 50er und 60er Jahren um nur sechs Staaten gehandelt hat. Aber seit den 90er Jahren sind wir inzwischen fünfzehn Mitgliedsstaaten, und die Institutionen und Verfahren funktionieren nur noch notdürftig. Für eine EU mit 25 oder gar 27 Mitgliedsstaaten sind sie in ihrer heutigen Gestalt eindeutig unbrauchbar.

Die Regierungschefs haben sich ziemlich festgefahren. Jetzt soll erstmalig ein »Konvent« Vorschläge für eine abermalige Regierungskonferenz ausarbeiten. In der Zwischenzeit geht aber zwischen den Regierungen ein oft recht kleinlicher Streit um nationale Vorteile munter weiter. Nach meiner Überzeugung müssen die Reformen von Institutionen und Verfahren jedenfalls *vor* dem Beitritt weiterer Mitgliedsstaaten in Kraft treten. Denn wenn 15 Regierungen und 15 Parlamente sich nicht einigen können, um so weniger wird eine Einigung unter 25 und bis zu 27 Regierungen und Parlamenten möglich sein.

Nicht nur die Regierenden müssen sich heute die bereits erkennbaren Gefährdungen des 21. Jahrhunderts vor Augen halten, sondern wir alle, wir Wähler unserer Regierungen, müssen uns genauso fragen: Womit müssen wir rechnen? Was sollen wir tun? Denn die Regierenden zögern mit der Vollendung der Europäischen Union vor allem aus Angst vor dem nationalen Egoismus ihrer jeweiligen Wähler.

Die wichtigste Antwort lautet: Der Untergang des Abendlandes wird auch im 21. Jahrhundert dann nicht stattfinden, *wenn* denn wir Europäer klug genug und fähig sind, die Europäische Union zu einer handlungsfähigen Einheit zu entwickeln. Für uns Deutsche füge ich hinzu: Die gefährliche Isolierung Deutschlands wie im Zeitabschnitt vom Abgang Bismarcks bis nach Hitlers Zweiten Weltkrieg, also bis in die Mitte des 20. Jahrhunderts, wird sich nicht wiederholen – *wenn* denn Deutschland und Frankreich sich dauerhaft in die Europäische Union einbinden. Diese beiden Wenn-Sätze in die Realität zu übertragen bleibt eine mühselige Aufgabe.

Seit Jahrtausenden hat es auf der Welt immer nur militärische Eroberung, Unterwerfung oder Unterdrückung und Auslöschung gegeben – von den Persern und Alexander dem Großen bis zu Dschingis Khan, von den Kolonialmächten und Napoleon bis zum japanischen Imperialismus und bis zu Hitler. Noch nie haben Nationen mit jahrhundertealter Identität, mit eigener Sprache, mit eigenem geschichtlichen und kulturellen Erbe aus freiem Willen, aus eigenem Entschluß auf wichtige Teile ihrer Souveränität verzichtet und sie in einen internationalen Verbund, in eine Union eingebracht. Die Europäische Union ist ein historisches Unikat.

In allen Nationen, die sich seit 1950 schrittweise in der Europäischen Union zusammengeschlossen haben oder sich ihr künftig noch anschließen wollen, erhebt sich von Zeit zu Zeit die Sorge, das eigene Selbst, die aus der Geschichte überkommene nationale Identität zu verlieren. Die Staatsmänner, die den Zusammenschluß wollen, müssen auf diese tiefsitzenden, die Integration hemmenden Ängste Rücksicht nehmen. Sie brauchen Geduld, um zu überzeugen. Sie brauchen den Willen zum Kompromiß, sowohl nach innen als auch nach außen.

Die Tugend des fairen Kompromisses wird zwischen den Partnerstaaten der Union auch in Zukunft immer wieder notwendig sein, denn es gibt viele tatsächliche Interessenkonflikte. Vor allem aber gibt es von Nation zu Nation jeweils konfligierende geschichtliche Erinnerungen, ein insgesamt disharmonisches Geschichtsbewußtsein; denn schließlich haben fast alle Völker der heutigen und der künftigen Partnerstaaten der Europäischen Union im Laufe der Geschichte Kriege mit ihren jeweiligen Nachbarn geführt. Fast alle waren an den beiden Weltkriegen aktiv oder passiv beteiligt. Alle haben gelitten.

Es ist nicht ausgeschlossen, daß wir Europäer mit unserem Versuch des freiwilligen Zusammenschlusses demokratisch verfaßter souveräner Staaten scheitern oder daß sich der bisherige Erfolg der Union in den kommenden Jahrzehnten im Sande verläuft. In diesem Falle würden die europäischen Staaten zu Randfiguren der Weltpolitik – und möglicherweise auch zu Opfern weltweiter ökonomischer, sozialer und machtpolitischer Konflikte.

Man muß solchen Möglichkeiten ins Auge sehen. Deshalb werden in diesem Buch einige unerfreuliche Zukunftsbilder als denkbare Entwicklung skizziert. Dies geschieht nicht aus pessimistischer Weltsicht, sondern es soll helfen, uns im Willen zur Vollendung der Europäischen Union zu bestärken. Dafür gibt es gegenwärtig kein fertiges Generalkonzept. Die großen Grundsatzreden über die Zukunft der EU, welche mehrere europäische Staatslenker in den letzten beiden Jahren öffentlich vorgetragen haben, enthalten vielerlei Widersprüche und auch Lücken. Die Entfaltung der Europäischen Union bedarf des Augenmaßes. Augenmaß heißt auch: nicht allzu viele Schritte auf einmal tun, sondern in Ruhe einen Schritt nach dem anderen setzen.

Die Europäische Union ist noch weit entfernt von einer umfassenden Handlungsfähigkeit nach außen. Im Innern wuchert bürokratischer Wildwuchs. Die EU leidet unter ihren Defiziten an demokratischer Legitimation und an demokratischer Kontrolle. Einerseits wurden dringend notwendige Reformen verschleppt und vertagt, andererseits betreiben einige Politiker mit Vehemenz die Erweiterung um viele zusätzliche Mitgliedsstaaten. Im Ergebnis kann daraus ein Verfall der Union entstehen; sie kann zu einer bloßen Freihandelszone verkommen, der einige überständige institutionelle Randverzierungen angehängt sind. Eine bloße Freihandelszone Europa würde die weltpolitischen Entscheidungen über sich ergehen lassen müssen – getroffen würden sie dann anderenorts.

Europa braucht Führung. Führung geht selten von internationalen Konferenzen nationaler Diplomaten und Bürokraten aus. Wo Führung wirksam wird, dort geht sie vielmehr von einzelnen Personen aus. Es waren zumeist Franzosen, die den Integrationsprozeß Europas vorangebracht haben – von Jean Monnet und Robert Schuman bis zu Jacques Delors. Charles de Gaulle stand zwar der Integration skeptisch und bremsend gegenüber, aber sein Elysée-Vertrag hat 1963 der sich entfaltenden deutsch-französischen Zusammenarbeit ein tragfähiges Fundament verschafft. Von 1974 bis 1989 wurde dann das Tandem Paris – Bonn zum erfolgreichen Motor des Fortschritts der EU. Valéry Giscard d'Estaing war der erste französische Präsident, der verstanden und handelnd beherzigt hat, daß die Einbindung Deutschlands in die Europäische Gemeinschaft nur dann dauerhaft möglich bleibt, wenn auch Frankreich sich in gleicher Weise einbindet. Bis in den Sommer 1989 hat François Mitterrand die EU-Politik Giscards fortgesetzt.

Seit 1989 die deutsche Vereinigung in Sicht kam, sind aber Bonn und Paris auseinandergedriftet. Dafür waren beide Seiten verantwortlich, sowohl Kohl als auch Mitterrand. Immerhin kam in den neunziger Jahren endlich die schon seit Ende der siebziger Jahre von Giscard d'Estaing und mir vorbereitete gemeinsame Währung zustande. Aber den notwendigen inneren Reformen der EU ist man in den Verträgen von Maastricht und Amsterdam und Nizza immer wieder ausgewichen. Es fehlte an kraftvoller gemeinsamer Initiative durch die Führungspersonen auf beiden Seiten des Rheins.

Heute regieren in Paris wie in Berlin Personen, die den Zweiten Weltkrieg nur als Kinder oder überhaupt nicht erlebt haben. Die politischen Erfahrungen der heute Regierenden stammen vielmehr aus einer Periode des Friedens und des wachsenden Wohlstands; die Gefährdungen sind ihnen deshalb weniger bewußt als den vorangegangenen politischen Generationen. In den nächsten Jahrzehnten wird es aber um die Selbstbehauptung der europäischen Nationen gehen. Es wird abermals darauf ankommen, ob und wie Paris und Berlin zusammenwirken. Denn angesichts der weltweit drohenden Gefahren des 21. Jahrhunderts kann nur eine handlungsfähige Europäische Union ein angemessenes Maß an Selbstbestimmung der europäischen Nationen auch gegenüber den Weltmächten aufrechterhalten. Die Union wird aber nur dann voll handlungsfähig sein, wenn Frankreich und Deutschland eng und gut zusammenwirken.

Dieses Buch wurde im Sommer 2000 abgeschlossen, es wird hier unverändert wieder aufgelegt. Es soll dem Leser einerseits die im Beginn des neuen Jahrhunderts erkennbaren Herausforderungen vor Augen stellen. Es will andererseits – ohne Rücksicht auf das fast undurchdringliche Dikkicht der täglichen Nachrichten aus Brüssel und Straßburg – dem Leser einige relativ einfache und klare Richtlinien für die Zukunft unterbreiten.

Ich will aber dieses Vorwort nicht ohne einen Lichtblick abschließen; denn zu Beginn dieses Jahres hat endlich der Euro elf große und kleinere Währungen ersetzt. Der Euro kann im Laufe weniger Jahre zu einem wesentlichen Faktor des weiteren Fortschritts der europäischen Integration werden. Der Euro wird ziemlich schnell die nationalen Volkswirtschaften in eine gemeinsame große Volkswirtschaft zusammenfließen lassen, mit all den Vorteilen des großen Maßstabes *(economy of large scale)*. Mehr als die Hälfte aller bisherigen Ex- und Importe werden sich in simplen Binnenhandel verwandeln; es wird also keine Währungsrisiken mehr geben, keine großen Transferkosten und keine Hedging-Notwendigkeiten. Preise, Löhne und Steuern werden selbst für die Konsumenten von Finnland bis Spanien durchsichtig werden und dadurch den Wettbewerb intensivieren. Dabei wird übrigens der Wechselkurs des Euro gegenüber dem Dollar sehr viel unwichtiger, als früher manche »Analysten« glauben machen wollten. In 25 oder 30 Jahren wird es voraussichtlich nur drei entscheidende Währungen auf der Welt geben: nämlich den amerikanischen Dollar, den Euro und den chinesischen Yüan (Renminbi). Dies ist jedenfalls ein erfreulicher, Hoffnungen rechtfertigender Aspekt für uns Europäer.

Ich möchte dieses Vorwort nicht abschließen, ohne nochmals denen zu danken, die vor zwei Jahren so liebenswürdig waren, mein Manuskript kritisch durchzusehen: Klaus Hänsch, Karl Kaiser, Thomas Karlauf, Birgit Krüger-Penski, Uwe Plachetka, Volker Rühe, Loki Schmidt und Peter Schulz. Einige ihrer Anregungen habe ich nicht aufgenommen; deshalb fällt die Verantwortung für den Text allein auf den Autor.

Hamburg, 2. April 2002   *Helmut Schmidt*

I
Neuartige Weltprobleme

Die Welt wird sich im Laufe des 21. Jahrhunderts auf mannigfache Weise verändern. Einige der bevorstehenden Entwicklungen sind schon heute erkennbar, auch die politischen und ökonomischen Reaktionen darauf scheinen teilweise vorhersehbar. Manches ist höchst wahrscheinlich, anderes eher unwahrscheinlich, insgesamt aber kann keiner die Zukunft wirklich kennen.

Gleichwohl hat es immer wieder weitreichende Zukunftsentwürfe gegeben, von Platons »Staat« über den »Gottesstaat« bis hin zur Vorstellung einer weltweiten Herrschaft des Kommunismus. Die düsteren Prognosen haben der Zahl nach überwogen; das 20. Jahrhundert hat Oswald Spengler, Aldous Huxley und andere mehr hervorgebracht, die uns die Zukunft negativ geschildert haben. In den letzten Jahrzehnten ist ein weites Feld der Futurologie entstanden.

Vorhersagen, welche ernst genommen werden, rufen fast immer Verhaltensweisen hervor, die, positiv oder negativ, in jedem Falle qualifizierend auf die Verwirklichung der Prognose Einfluß nehmen oder dies wenigstens versuchen. Einstweilen ist nur die Wetterprognose für das kommende Wochenende von dieser Regel ausgenommen; sie zieht möglicherweise zwar Änderungen in den Plänen der Menschen nach sich, jedoch hat zum Beispiel die Absage des Sonntagsausflugs keinen Einfluß auf den Verlauf des Wetters. Die marxistische Prognose vom Endsieg der Diktatur des Proletariats hingegen hat starke Gegenkräfte ausgelöst, welche dazu beigetragen haben, die Verwirklichung dieser Prognose zu verhindern.

Politische oder ökonomische Prognosen sind mit größerer Ungewißheit behaftet als die tägliche Wettervorhersage. Gleichwohl müssen Menschen, die Verantwortung für andere zu tragen haben – ob in einem Unternehmen oder einem Verband, für den Staat oder die eigene Familie –, sich immer wieder fragen: Was ist möglich? Was ist wahrscheinlich? Worauf kann ich Einfluß nehmen? Was muß ich tun? Wer sich der Prognose nicht stellt, kann nicht angemessen vorsorgen. Die Prognosen, die im folgenden vorgestellt werden, sollen solche vorsorgenden Verhaltensweisen provozieren.

Vorweg ist jedoch eine Warnung angebracht. Unter dem Titel »Kassandra im Zeugenstand« warf Siegfried Lenz vor vierzig Jahren die Frage auf: »Welche Möglichkeiten hat denn die politische Prophetie überhaupt, wenn denn ihre Warnungen unsicher sind, wenn ihre Verheißungen undatierbar sind?« Er unterschied zwischen Erfahrungsprophetie und Erleuchtungsprophetie und schrieb: »Erfahrungsprophetie gründet sich auf Berechnung, auf Vergleiche und auf Zusammenschau.« Dennoch, so Lenz, müsse man der Zukunft einen entscheidenden Rest an Unwägbarkeiten zugestehen. Alles, was im folgenden an Vorhersagen getroffen wird, sei deshalb unter diesen Vorbehalt gestellt.

Bevor die wichtigsten Problemkreise im einzelnen skizziert werden sollen, muß die Frage beantwortet werden, welche

Mächte im 21. Jahrhundert Weltmachtanspruch erheben und welche Rolle Europa im Konzert der Mächte spielen wird. Nur wer ein einigermaßen klares Bild von der Mächtekonstellation der näheren Zukunft hat, wird die Probleme, die auf die Menschheit zukommen, richtig erfassen.

Die globalen Machtverhältnisse werden sich im Laufe des neuen Jahrhunderts immer stärker von den früheren Konstellationen unterscheiden. Weder wird die über beinahe ein halbes Jahrhundert andauernde, die Welt prägende bipolare Konfrontation zwischen dem Westen und der Sowjetunion in vergleichbarer Form wiederkehren, noch werden die europäischen Nationalstaaten – mit der möglichen Ausnahme der euro-asiatischen Russischen Föderation – als einzelne Staaten jemals jene weltpolitische Bedeutung zurückgewinnen, die sie im 19. und 20. Jahrhundert gehabt haben. Weder die Sonderrolle, die Frankreich und England wegen ihres in der UN-Charta verankerten Vetorechtes im Sicherheitsrat spielen, noch ihre Verfügungsgewalt über moderne nukleare Waffen, weder Englands psychologischer Rückhalt im Commonwealth noch Frankreichs politische Nähe zu einer Reihe frankophoner Staaten werden in der Weltpolitik eine entscheidende Bedeutung haben. Auch die kulturelle und sprachliche Nähe etwa Brasiliens zu Portugal oder der anderen ibero-amerikanischen Staaten zu Spanien wird kaum eine Rolle spielen. Eine deutsche Weltmachtrolle schließlich ist ganz und gar undenkbar; jeder Versuch würde bei unseren europäischen Nachbarn auf stärkstes Mißtrauen stoßen und eine klare Ablehnung hervorrufen. Alle Ambitionen in diese Richtung würden Deutschland isolieren und deshalb scheitern. Deutschland wird – mehr noch als alle anderen europäischen Nationen – auf die Einbindung in die Europäische Union angewiesen bleiben.

Welches also sind die Weltmächte von morgen? Die *USA* werden aus mehreren Gründen, die hier keiner Erläuterung bedürfen, eine Weltmacht bleiben – mit einiger Wahrscheinlichkeit über das gesamte 21. Jahrhundert. Die politische Klasse in den USA geht davon aus, daß ihr Staat die einzige Supermacht ist. Das ist gegenwärtig, zu Beginn des neuen Jahrhunderts, auch zutreffend.

Jedoch wird auch *China* von den Regierungen aller asiatischen Staaten schon heute als Weltmacht respektiert. Bis zur Mitte des Jahrhunderts wird China wahrscheinlich einen ähnlich großen Anteil am Im- und Export der Welt erlangt haben wie die USA oder die Europäische Union, einen deutlich größeren Anteil jedenfalls als Japan. Die chinesische Währung wird weltweit im Handelsaustausch und als Reservewährung ein ähnliches Gewicht haben wie der Dollar oder der Euro. Der fast unglaubliche ökonomische Aufschwung Chinas seit dem Ende der siebziger Jahre kann nur mit der voraufgegangenen wirtschaftlichen Entwicklung Japans oder Südkoreas verglichen werden; aber China umfaßt zehnmal so viele Menschen wie Japan, dreißigmal so viele wie Südkorea. Die inneren strukturellen Probleme sind denjenigen Rußlands vergleichbar, jedoch werden die Nachfolger Deng Xiaopings daran kaum scheitern. Zwar werden gewiß auch Krisen auftreten; aber eine hohe Intelligenz, ein ungewöhnlicher Fleiß und eine für europäische oder amerikanische Beobachter höchst eindrucksvolle Sparneigung des Volkes lassen die Erwartung zu, daß die Modernisierung Chinas einen schnelleren Erfolg zeigen wird als die Modernisierung der zahlenmäßig so viel kleineren Russischen Föderation. Daneben wird auch der – pro Kopf eher bescheidene – Rüstungsaufwand die erwartete Weltmachtrolle Chinas stützen. China ist eine Landmacht; neben einer umfangreichen, vergleichsweise schwerfälligen Armee steht eine moderne Raketen- und Nuklearrüstung. Im übrigen hat China mit keinem seiner Nachbarn Probleme, die nicht friedlich zu überwinden wären; auch das Taiwan-Problem ist friedlich lösbar.

Rußland ist militärisch gesehen – trotz offensichtlicher Verfallserscheinungen – immer noch eine eindrucksvolle Weltmacht, vor allem auf dem Gebiet der Raketen- und Nuklearrüstung. Anspruch darauf, als Weltmacht angesehen zu werden, hat das Land aber vor allem wegen seines riesigen Territoriums. In diesem größten aller Staatsgebiete gibt es enorm viele Bodenschätze, die bisher nur zum Teil ausgebeutet werden; der Umfang der Reserven ist nur schwer auszumachen. Sofern im Zusammenhang mit der globalen Erwärmung der Permafrost in den nördlichen Gebieten Sibiriens zurückweichen sollte, würden sich eventuell zusätzliche Möglichkeiten für Landwirtschaft und Besiedelung ergeben.

Es mag sein, daß Rußland noch eine Reihe von Jahrzehnten auf den Erfolg seiner politischen und ökonomischen Reformen warten muß. Aber das russische Volk ist gewohnt zu leiden. Wie auch immer sich die innere Entwicklung dieses Riesenreiches vollziehen wird und auch wenn die Bevölkerung der Russischen Föderation nur 150 Millionen Menschen umfaßt (davon gut vier Fünftel Russen), so respektieren doch alle europäischen und alle asiatischen Nachbarn Rußland als eine Weltmacht.

Es ist denkbar, daß im weiteren Verlauf des Jahrhunderts

neben den drei Giganten USA, China und Rußland auch *Indien* zu einer Weltmacht aufsteigt, und dies keineswegs nur deshalb, weil auch Indien inzwischen über nukleare Raketen verfügt. Hinsichtlich der Kontinuität ihrer religiösen und kulturellen Traditionen sind die Inder den Amerikanern und Russen weit überlegen – vergleichbar nur den Chinesen. Die traditionelle Kastenordnung des Hinduismus ist allerdings immer noch ein schweres Handicap für eine moderne Entwicklung, obwohl Rechtsstaat und Demokratie als gefestigte Säulen erscheinen. Sofern die Bevölkerungsexplosion in Indien gedämpft (Einwohner heute etwa 1 000 Millionen Menschen, für das Jahr 2050 werden 1 500 Millionen Menschen prognostiziert) und das Bildungs- und Ausbildungswesen durchgreifend verbessert werden kann, ist es durchaus möglich, daß Indien sich zu technischen und ökonomischen Höchstleistungen befähigt. Immerhin lassen die indischen Studenten an den Spitzenuniversitäten Englands und Amerikas eine hohe Intelligenz und außergewöhnlichen Fleiß erkennen – auch hierin den Chinesen vergleichbar.

Mit einigem Abstand ist schließlich auch der Aufstieg *Brasiliens* zur Weltmacht denkbar, das heute 170 Millionen Menschen zählt und der Fläche nach beinahe an China heranreicht; in den ausgedehnten Küstenregionen des Landes ist seit einiger Zeit ein beachtlicher wirtschaftlicher Aufschwung zu verzeichnen.

Ob hingegen *Japan* politisch zur Weltmacht aufsteigen wird, erscheint eher zweifelhaft. Japan hat 125 Millionen Menschen (davon weniger als ein Prozent nationale Minderheiten), die Einwohnerzahl scheint tendenziell allerdings zu überaltern und zu schrumpfen. Zwar wird die japanische Wirtschaftsleistung wohl weiterhin erstklassig bleiben, und auch der japanische Netto-Kapitalexport in alle Welt wird vermutlich noch einige Jahrzehnte anhalten – Japan ist schon lange, dank einer ungewöhnlich hohen Sparneigung der Nation, der größte Netto-Kapitalexporteur der Welt. Aber die seit Jahrhunderten andauernde Selbstisolierung der Japaner wird vermutlich noch lange bestehen bleiben. Japanische Unternehmen können ökonomisch sehr erfolgreich kooperieren; aber Nation und Staat können kaum Allianzen mit anderen schließen. Eine egozentrische Attitüde und der Unwille, Fehler einzugestehen, machen es Japan ganz außerordentlich schwer, sich mit seinen asiatischen Nachbarn zu verständigen; das Sicherheitsbündnis mit den USA ist lediglich die Ausnahme, welche die Regel bestätigt. Umgekehrt erscheint eine Rückkehr Japans zum Imperialismus als ausgeschlossen. Vermutlich wird Japan im 21. Jahrhundert wirtschaftlich und finanziell eine Weltrolle spielen, nicht dagegen politisch oder gar militärisch.

Im 20. Jahrhundert haben sämtliche europäischen Weltmächte ihre einstmals hervorragende Machtstellung eingebüßt, Österreich-Ungarn bereits 1918, Frankreich und England im Laufe der zweiten Hälfte des Säkulums. Deutschland hatte, ähnlich wie Japan, diesen Status lediglich vorübergehend. Gleichwohl ist es durchaus denkbar, daß die Europäer im neuen Jahrhundert abermals eine in der Weltpolitik gestaltende Rolle spielen werden – jedoch nicht als einzelne Nationalstaaten, sondern gemeinsam. Entscheidend wird sein, ob und wann es ihnen gelingt, die Europäische Union so zu entwickeln, daß sie nach außen volle Handlungsfähigkeit besitzt. Wie dies zu erreichen sei, davon handelt dieses Buch.

Neuartige Weltprobleme

Die Grenzen der Natur

Über die ersten neunzehn Jahrhunderte seit Beginn unserer Zeitrechnung hat sich die Weltbevölkerung nur langsam vermehrt, von Christi Geburt bis an das Ende des 19. Jahrhunderts etwa um den Faktor 7 oder 8. Hunger, Entbehrungen, Krankheiten, Säuglingssterblichkeit, aber auch Kriege haben das Wachstum stark gedämpft. Im 20. Jahrhundert, vor allem aber in dessen zweiter Hälfte, ist dann eine nie dagewesene explosive Vermehrung eingetreten: von rund anderthalb Milliarden Menschen im Jahre 1900 hat sich die Menschheit bis zum Jahre 2000 auf rund sechs Milliarden vermehrt – eine Vervierfachung in einem einzigen Jahrhundert! Gegenwärtig wächst die Bevölkerung immer noch schneller als jemals vor dem Jahre 1945, und es ist sicher, daß sich das rapide Bevölkerungswachstum im neuen Jahrhundert zunächst fortsetzen wird.

Die fachmännischen Schätzungen, welche die Vereinten Nationen regelmäßig veröffentlichen, gehen für die Zukunft von drei Varianten aus: von einer hohen, einer mittleren und einer vergleichsweise niedrigen Zahl der von einer Frau geborenen Kinder. Heute liegt die durchschnittliche Zahl bei 2,7; die Experten der UN legen Berechnungen vor für 2,5 oder 2,0 oder 1,6 Kinder pro Frau. Die mittlere Variante erscheint den Experten als die wahrscheinlichste. Danach würden wir heute in fünfzig Jahren, in der Mitte des 21. Jahrhunderts, bei einer Weltbevölkerung von rund neun Milliarden Menschen angelangt sein.

Von dieser mittleren Variante ausgehend, würden im Jahre 2050 sowohl China als auch Indien jeweils 1 500 Millionen Menschen umfassen, Indonesien, Pakistan und

Nigeria jeweils mehr als 300 Millionen Menschen; in der Nachbarschaft Europas würden Ägypten und die Türkei jeweils bei etwa 100 Millionen Menschen stehen, der Iran bei 200 Millionen. Gleichzeitig werden die Bevölkerungszahlen der europäischen Nationen fast ausnahmslos zurückgehen.

Die Bevölkerungsexplosion findet fast ausschließlich in Entwicklungsländern statt – in Asien, in Afrika, zum Teil in Lateinamerika –, zu einem geringen Teil auch in den USA, aber mitnichten in Europa, in Rußland oder Japan. Der in den Entwicklungsländern pro Person verfügbare Boden wird im Laufe der nächsten fünfzig Jahre auf weniger als zwei Drittel der heutigen Fläche sinken. Der Anteil pro Person an agrarisch nutzbarem Boden wird noch schneller sinken; im Jahre 2050 werden voraussichtlich zwei Drittel aller Menschen in Großstädten leben. Fast zwangsläufig wird es in vielen übervölkerten Regionen Streit um Weide- und Agrarland und um Wasser geben; es wird zu bewaffneten Konflikten und regelrechten Kriegen kommen. Zwangsläufig werden Millionen und Abermillionen danach streben, nach Europa und nach Nordamerika auszuwandern, legal oder illegal; denn hier ist dank hochtechnisierter Wirtschaft und dank der vorhandenen sozialen Sicherheitssysteme ein Lebensstandard möglich, der mindestens zwanzigmal höher ist als in der Masse der Entwicklungsländer.

Daraus ergibt sich eine Reihe von schwerwiegenden Fragen, mit denen sich die Verantwortlichen in allen zweihundert Staaten der Welt befassen müssen: Wie können die Fruchtbarkeitsraten gesenkt werden? Wie können die zusätzlichen Menschenmassen ernährt werden? Wie können Arbeitsplätze für sie geschaffen werden? Wie kann der weiteren Zerstörung der natürlichen Umwelt begegnet werden?

Die Zusammenballung der Menschen in Großstädten bringt neue soziale und ökonomische Probleme mit sich. Die Liste reicht von der Versorgung mit gesundem Trinkwasser bis zur hygienisch einwandfreien Beseitigung der Abwässer, von der Infrastruktur der Verkehrs- und Transportmittel bis zur Frage nach Schulen und Krankenhäusern. Viele der Riesenstädte in Asien, Afrika und Lateinamerika sind gegenwärtig nicht mehr in der Lage, diese Probleme ausreichend zu bewältigen. Aber auch einige der europäischen Riesenstädte könnten an die Grenzen ihrer Leistungsfähigkeit geraten.

Der massive Zustrom von ausländischen Arbeitskräften, Flüchtlingen, Asylsuchenden und illegalen Einwanderern hat in einigen europäischen Städten zusätzliche Schwierigkeiten entstehen lassen – vor allem dort, wo die Zuwanderer aus mehreren, voneinander verschiedenen Völkern oder Staaten kommen oder wo sich Teile der Zuwanderer gegenseitig bekämpfen, wie zum Beispiel Türken und Kurden. Überall dort, wo die Zuwanderer sich anpassen wollen und wo der aufnehmende Staat ihnen die Anpassung erleichtert und ihnen den Erwerb der Staatsbürgerschaft ermöglicht – oder doch wenigstens ihren im aufnehmenden Staat geborenen Kindern –, überall dort *kann* die Einschmelzung gelingen. Die Redensarten vom »Schmelztiegel« oder von der »multikulturellen Gesellschaft« sind in vielen Städten jedoch bloß illusionäre Wunschvorstellungen; in Wirklichkeit entstehen Ghettos verschiedener Nationalität.

Wenn dann noch massenhafte Jugendarbeitslosigkeit hinzutritt, so kommt es zum Anstieg der Kriminalität – und zu nationalistischen, zum Teil gewalttätigen Reaktionen der einheimischen Jugendlichen. In einigen Städten innerhalb der Europäischen Union – auch innerhalb Deutschlands – sind aus diesen Gründen die Grenzen der Aufnahmefähigkeit überschritten. Es wird Zeit, daß sich Regierungen und Parlamente eingestehen, daß sie weitere Zuwanderung gesetzlich begrenzen und kanalisieren müssen, wenn sie eine moralische und politische Destabilisierung der Bevölkerung vermeiden wollen. Eine Mehrheit reagiert zunehmend negativ auf weitere Zuwanderung, und viele werden auch auf lange Sicht nicht zu einer multikulturellen oder multinationalen Gesellschaft bereit sein.

Der auf Europa gerichtete Wanderungsdruck wird zusätzlich verstärkt werden, wenn der sogenannte Treibhauseffekt eintreten sollte. Die globale Erwärmung führt nicht nur zum Rückzug der Gletscher in den Alpen, sondern vor allem zum schrittweisen Abschmelzen der Eismassen auf dem antarktischen Kontinent und auf Grönland, infolgedessen zum Anstieg der Meeresoberfläche und tendenziell zur Überflutung von küstennahen, niedrig gelegenen Siedlungsgebieten, besonders in den Deltas der großen Ströme Asiens, Afrikas und Südamerikas.

Die Vorhersagen der Wissenschaftler in bezug auf den globalen Temperaturanstieg sind mit noch größeren Unsicherheiten behaftet als die Vorhersagen zur Weltbevölkerungsexplosion. Zwar ist sich die Wissenschaft ziemlich einig darin, daß das letzte Eiszeitmaximum vor etwa 20 000 Jahren erreicht war und daß wir erst seit rund

10 000 Jahren in einer einigermaßen stabilen Klimaperiode leben. Schon viele Millionen Jahre vorher waren die Dinosaurier ausgestorben; schon Hunderttausende von Jahren vorher, lange vor der letzten Eiszeit, hatten sich der Homo erectus und der Homo sapiens entwickelt. Erst seit dem Eintritt in unsere gegenwärtige Warmzeit gibt es Ackerbau; erst seit etwa 3000 vor Christus haben sich in verschiedenen Erdteilen Hochkulturen entwickelt, in Europa und in Amerika deutlich später als in Ägypten oder in China. Alle Zivilisationen haben sich im Laufe der letzten fünf Jahrtausende, das heißt in der zweiten Hälfte der gegenwärtigen Klimaperiode der Stabilität, entwickelt. Wie lange diese Stabilitätsperiode andauern wird, wie schnell sie sich verändern wird, das weiß man noch nicht. Die Wissenschaft versteht einstweilen noch nicht genug von der Komplexität der das Klima beeinflussenden Faktoren.

Immerhin erscheint es wissenschaftlich gesichert, daß sich unser Klima im Laufe des 20. Jahrhunderts deutlich erwärmt hat – aus welchen Ursachen auch immer. Es handelt sich um einen globalen Temperaturanstieg um ein Drittel bis zwei Drittel Grad Celsius. Daß der Mensch dabei eine Rolle spielt, wird nicht bezweifelt; durch das Abholzen von Wäldern oder durch das Verbrennen aller Arten von fossilen Kohlenwasserstoffen und die damit verbundene Erzeugung von Kohlendioxyd und anderen Gasen haben wir zur Klimaerwärmung beigetragen. Es herrscht jedoch Unklarheit darüber, wie hoch der »anthropogene« Faktor zu gewichten ist.

Es gibt keinen Zweifel, daß der Temperaturanstieg sich in den letzten Jahrzehnten beschleunigt hat. Auf diese Tatsache gründen die Prognosen für den weiteren Temperaturanstieg im Laufe des neuen Jahrhunderts. Das künftige

Ausmaß der globalen Erwärmung ist allerdings wissenschaftlich umstritten; die Prognosen bis an das Ende des 21. Jahrhunderts reichen von einem minimalen allgemeinen Temperaturanstieg um 1,5 Grad Celsius bis zu einem Maximum von 3,0 bis 3,5 Grad Celsius. Die Bevölkerungszunahme – in diesem Punkt ist sich die Wissenschaft einig – wird zu diesem Anstieg beitragen, in welcher Höhe auch immer. Treffen die düsteren Prognosen zu und steigt die allgemeine jährliche Durchschnittstemperatur tatsächlich um 3 Grad oder mehr, so sind katastrophale humanitäre, soziale und politische Folgen zu befürchten.

Zwar haben viele Regierungen nicht nur die alle Menschen bedrohende Gefahr eines Treibhauseffektes verstanden, sondern auch damit begonnen, durch internationale Konferenzen (zum Beispiel in Rio de Janeiro 1992 und in Kioto 1997) und Abkommen den Ausstoß von sogenannten Treibhausgasen zu begrenzen. Aber es ist kaum zweifelhaft, daß die bisherigen Vereinbarungen nicht ausreichen können. Hier liegt eines der kardinalen Zukunftsprobleme der Menschheit. Werden hier nicht bald Problemlösungen erarbeitet, können sich in näherer Zukunft erhebliche politische Konflikte entzünden, nicht nur zwischen den Industriestaaten und den Entwicklungsländern, sondern insbesondere auch zwischen den Industriestaaten selbst.

Vor neuen Kriegen

Im letzten Jahrzehnt des 20. Jahrhunderts hat es etwa siebzig bewaffnete Konflikte größeren und großen Ausmaßes gegeben. Nur wenige sind in Erinnerung geblieben, so beispielsweise *Desert Storm* im Irak oder der Bürgerkrieg zwischen Russen und Tschetschenen. Im Bürgerkrieg in Ruanda und Burundi sind allein über eine Million Menschen ums Leben gekommen, in Somalia etwa 350 000, in Indonesien (Ost-Timor) 200 000. Zu Beginn des 21. Jahrhunderts, am 1. Januar 2000, waren mehr als zwei Dutzend bewaffnete Konflikte im Gange; zumeist handelte es sich um innerstaatliche Kriege.

Raumnot und Elend, nationale und nationalistische Impulse, religiöse und fundamentalistische Motive, Größenwahn und Herrschsucht werden auch in Zukunft in großen Teilen Afrikas, Asiens und Ibero-Amerikas neue Kriege und Bürgerkriege hervorrufen. In Nordamerika und im größten Teil Europas, der heute durch Mitgliedschaft in der NATO und/oder in der Europäischen Union geschützt ist, bleiben neue Kriege einstweilen äußerst unwahrscheinlich. Aber auf den Territorien der zu Beginn der neunziger Jahre zerfallenen ehemaligen Sowjetunion und der gleichzeitig zerfallenen ehemaligen Sozialistischen Bundesrepublik Jugoslawien werden Unruhe und Kriegsgefahr noch lange anhalten; auch für andere Teile der Balkan-Halbinsel können Friedensstörungen nicht ausgeschlossen werden.

Viele der bewaffneten Konflikte haben am Ende des 20. Jahrhunderts große Flüchtlingsströme ausgelöst. Allein in Afrika gab es gegen Ende der neunziger Jahre rund vier Millionen Flüchtlinge; die meisten allerdings innerhalb ihres jeweils eigenen Staates (sogenannte Binnenflüchtlinge). Die Zahl der Flüchtlinge im Mittleren Osten wurde gleichzeitig auf drei Millionen geschätzt. Die Zahlen der Flüchtlinge auf ehemals sowjetischen Territorien liegen in gleichen Größenordnungen, in Zentral- und Westasien, in Südasien und in Ibero-Amerika vielleicht etwas niedriger. Weil es auch in Zukunft viele regionale und lokale Kriege geben wird, werden auch die weltweiten Flüchtlingsströme anhalten. Sie haben längst die Staaten der Europäischen Union erreicht.

Nach allen Erfahrungen der letzten Jahrzehnte ist es wenig wahrscheinlich, daß in Zukunft mehr Kriege als bisher durch Anstrengungen der Vereinten Nationen unterbunden und die ihnen zugrunde liegenden Konflikte auf friedlichem Wege gelöst werden können. Die Charta der UN verbietet den Mitgliedsstaaten jeden Angriff auf einen anderen, sie erlaubt nur Selbstverteidigung. Allein der Sicherheitsrat der UN hat das Recht zum bewaffneten Eingriff. Er hat von diesem Interventionsrecht in manchen Fällen Gebrauch gemacht, auch durch den Einsatz von Streitkräften. Die Erfolge sollen hier nicht geschmälert werden, jedoch konnten die UN und ihr Sicherheitsrat insgesamt weder die ungeheuren Verluste an Menschenleben noch das millionenfache Flüchtlingselend verhindern.

Die Beschlußfassung im Sicherheitsrat unterliegt dem Vetorecht der fünf Siegermächte des Zweiten Weltkriegs (USA, China, Rußland, Frankreich, England), sie ist oft schwierig und langwierig. Im Fall des Kosovo handelte es sich um einen grausamen Bürgerkrieg zwischen Serben und albanischen Kosovaren. Die USA und die NATO haben militärisch eingegriffen, ohne durch den Sicherheitsrat dazu legitimiert gewesen zu sein. Der militärische Angriff des Westens gegen den souveränen Staat Bundesrepublik Jugoslawien war also ein Verstoß gegen die Charta der UN. Vorläufig scheint das Eingreifen erfolgreich; die öffentliche Meinung der Welt hat sich weitgehend beruhigt, zumal sich auch Rußland nachträglich an der Intervention beteiligt hat. Es ist aber wahrscheinlich, daß die Intervention auf ein dauerhaftes Kosovo-Protektorat der Interventionsmächte hinausläuft, einschließlich militärischer Besetzung.

Aber selbst im Falle einer späteren endgültigen Lösung der Kosovo-Frage bleibt es eine höchst beunruhigende Frage, ob die außerhalb der Charta der UN erfolgte militärische Intervention gegen Belgrad als Präjudiz gelten wird. Auch in Zukunft werden viele bewaffnete Konflikte aller Voraussicht nach nicht nur mit Kriegsverbrechen einhergehen, sondern auch mit schwerwiegenden Verletzungen der Menschenrechte unbeteiligter Bürger. Mit dem Kosovo-Einsatz wurde es zu einer im Völkerrecht offenen Frage, ob man bei innerstaatlichen Bürgerkriegen auch ohne Beschluß des Sicherheitsrates von außen militärisch eingreifen und die Souveränität eines Staates verletzen darf, in dem Menschen drangsaliert, vergewaltigt und getötet werden. Oder darf man dies ausschließlich im Falle eines Völkermordes? Oder darf man es in keinem Falle, weil die UN-Charta dies verbietet?

Der Umstand, daß der Westen zum Beispiel weder im Falle Ruanda und Burundi noch im Falle Tschetschenien eingegriffen hat, macht eines deutlich: Die Entscheidung, ohne Rücksicht auf die Charta der Vereinten Nationen die Souveränität eines Staates militärisch zu verletzen, hängt offenbar von der Zweckmäßigkeit der Intervention und von den tatsächlichen militärischen Fähigkeiten der intervenierenden Staaten ab – und von deren eigenen Interessen, einschließlich ihrer Prestige-Interessen.

Es ist denkbar, daß sich das Recht (oder gar die moralische Pflicht) zur Intervention zugunsten der Menschenrechte de facto gegen die Charta der UN durchsetzt. Dennoch werden in jedem Einzelfalle die eigenen Interessen der zur Intervention befähigten Staaten im Vordergrund der Abwägung stehen. Keiner der europäischen Staaten hat ein Interesse an einer militärischen Intervention auf Mindanao, in Timor, Sri Lanka oder Nigeria, in Angola oder Guatemala. Bei Konfliktfällen in geographischer Nähe zu Europa könnte es jedoch eigene Interessen der Europäer geben.

Macht strebt nach Prestige und Dominanz. Dies gilt für viele, nicht zuletzt für die meisten Politiker in vielen Staaten. Deshalb bedarf Macht der Begrenzung, der Kontrolle und der Gegengewichte. Aus dieser Einsicht sind Demokratie, Verfassung und Rechtsstaatlichkeit erwachsen. Die geschichtliche Entwicklung der Kulturen ist zugleich eine Geschichte des Umgangs mit dem Machtproblem. Demokratisch verfaßte Staaten haben nach innen meist einigermaßen zufriedenstellende Lösungen hervorgebracht. Der Frieden innerhalb der eigenen Grenzen kann jedoch nicht den Frieden nach außen garantieren; deshalb die militärischen Rüstungen, die Bündnisse, die schrittweise Entwicklung des Völkerrechts, die Schaffung der Vereinten Nationen und anderer internationaler Organisationen, deshalb auch das Bestreben nach international vereinbarter Rüstungsbegrenzung und -kontrolle.

Gegen Ende der west-östlichen Bipolarität, in den siebziger und achtziger Jahren, sah es so aus, als ob durch vielerlei Verhandlungen und Verträge zwischen den USA und der Sowjetunion eine beiderseitige Begrenzung der strategischen Nuklearwaffen und damit ein akzeptables Gleichgewicht erreicht worden seien. Seit Ende des 20. Jahrhunderts erscheinen jedoch einige dieser Verträge in Frage gestellt. Dabei spielt auch der Umstand eine Rolle, daß die Zahl der Staaten, die über eine nukleare Rüstung verfügen, langsam, aber stetig zunimmt. Außer den fünf im Sicherheitsrat der UN vetoberechtigten Mächten USA, China, Rußland, Frankreich und England sind auch Israel und neuerdings Indien und Pakistan nuklear bewaffnet. Einige weitere Staaten scheinen eine nukleare Rüstung vorzubereiten. Das Problem der Begrenzung nuklearer Rüstungen wird im Laufe des 21. Jahrhunderts zugleich unübersichtlicher, schwieriger – und drängender werden. Ein gleiches gilt für das bisher noch äußerst undurchsichtige Problem der Rüstung mit Massenvernichtungsmitteln, das heißt chemischen und biologischen Waffen.

Die vielen Kriege und Bürgerkriege der neunziger Jahre, von denen eben die Rede war, sind auf allen Seiten mit herkömmlichen, sogenannten konventionellen Waffen ausgefochten worden. Die konventionellen Rüstungsanstrengungen werden in den meisten Staaten der Welt – außer in Europa – fast unvermindert fortgesetzt. Allein im Jahre 1998 machten die internationalen Exporte an Waffen und militärischem Gerät über 50 Milliarden Dollar aus, etwa ein Drittel davon ging allein in den Mittleren Osten. Die Masse der Entwicklungsländer gibt für militärische Zwecke etwa fünfmal soviel Geld aus, wie sie an Entwicklungshilfe empfangen; ein Teil der Entwicklungshilfe besteht aus der Lieferung von Waffen und militärischen Ausrüstungen. Die Hauptlieferanten sind gegenwärtig die USA mit knapp der Hälfte, Frankreich und England mit jeweils einem Sechstel; in das restliche Sechstel teilen sich Rußland, Israel, Deutschland, China und einige andere.

Es ist offensichtlich, daß nicht bloß die Regierenden in den Industriestaaten, sondern ebenso deren Rüstungsindustrien wie zum Teil auch ihre eigenen militärischen Streitkräfte wesentliche Antriebsfaktoren des Rüstungsbetriebes sind. In vielen Entwicklungsländern spielt das Militär eine unverhältnismäßig große innenpolitische Rolle, Militärs als Staats- oder Regierungschefs findet man in Asien, Afrika und Ibero-Amerika. Es ist nicht wahrscheinlich, daß diese weltweiten Entwicklungen im neuen Jahrhundert zurückgehen werden, eher im Gegenteil. Anstrengungen zur Begrenzung der Rüstungen und des Rüstungsexportes werden im 21. Jahrhundert voraussichtlich zu einer der großen Herausforderungen der Menschheit zählen.

Im Zusammenhang mit möglichen Konflikten von morgen muß zuletzt auch auf die Bedeutung der Weltreligionen im 21. Jahrhundert eingegangen werden. Von einem Amerikaner stammt die Formel vom Zusammenprall der Kulturen – »*Clash of Civilizations*«. Gemeint war damit ein weitreichender Konflikt zwischen den islamisch geprägten und den judeo-christlich geprägten Völkern der Welt.

Daß diese Gefahr besteht, ist nicht zu leugnen. Religiöse Konflikte haben seit Menschengedenken blutige Kriege und Bürgerkriege ausgelöst oder verschärft – von den christlichen Kreuzzügen gegen die Muslime im sogenannten Heiligen Land über die Reconquista auf der Iberischen Halbinsel bis zum Dreißigjährigen Krieg auf deutschem Boden, von den bürgerkriegsähnlichen Pogromen gegen Juden auf dem Boden des zaristischen Rußland bis zur paranoiden Judenvernichtung durch Hitler und Himmler und bis zu dem noch immer andauernden bewaffneten

Konflikt zwischen Katholiken und Protestanten in Nordirland.

Auch in anderen Erdteilen haben religiöse Konflikte breite Blutspuren hinterlassen, so zum Beispiel in Afghanistan oder im Iran, so zwischen Muslimen und Hindus in den umstrittenen Grenzgebieten von Pakistan und Indien, zwischen sunnitischen und schiitischen Muslimen, zwischen Christen und Muslimen in Nigeria oder zwischen Muslimen, Christen und konfuzianisch geprägten Menschen in Indonesien. Fast in allen Glaubenskriegen mischen sich religiöse Motive mit sozialen, ethnischen und machtpolitischen Motiven. Weil es seit mehr als tausend Jahren und bis in unsere Gegenwart hinein immer wieder zu Glaubenskriegen und religiös gefärbten Auseinandersetzungen kommt und weil neuerdings das Problem der raschen Übervölkerung hinzutritt, erscheint es in der Tat als möglich, daß dergleichen Konflikte auch in Zukunft vorkommen werden.

Wenn die Verantwortlichen sich damit abfinden, zukünftige Glaubenskriege für unausweichlich zu halten, oder sie sogar als unvermeidlich propagieren, kann dies allerdings fatale Folgen haben. Leider sind solche Tendenzen nicht nur bei einigen schiitischen religiösen Führern, sondern auch bei einigen westlichen Politikern erkennbar. Es gibt fundamentalistische Eiferer und Terroristen keineswegs allein in einigen islamischen Kulturen und Völkern, sondern fast auf allen Seiten, auch unter Israelis, auch unter christlich geprägten Amerikanern und Europäern. Wer im Westen behauptet, es gäbe gewalttätigen Fanatismus und Fundamentalismus nur auf islamischer Seite, der handelt grob fahrlässig.

In allen weltweit verbreiteten Religionen haben es die Oberhirten versäumt, ihre Gläubigen Toleranz gegenüber Andersgläubigen zu lehren. Sie vertreten seit Jahrhunderten – und bis auf den heutigen Tag – mit Eifer den exklusiven Anspruch auf Wahrheit. Auch heute noch verschweigen sie ihren Gläubigen zum Beispiel die Tatsache der gemeinsamen geschichtlichen Wurzeln von Judentum, Christentum und Islam oder die weitgehende Übereinstimmung der moralischen Lehren der drei monotheistischen Religionen. In allen Religionen finden sich Gebote, nicht zu morden, nicht zu lügen, nicht zu stehlen, die Eltern zu achten – und die »Goldene Regel«, nach der jeder sich gegen andere so verhalten soll, wie er wünscht, daß die anderen sich ihm gegenüber verhalten. Die meisten Menschen auf der Welt wissen von diesen Zusammenhängen und Übereinstimmungen jedoch gar nichts. Je enger aber die Menschenmassen verschiedener Religionen zusammenleben müssen, um so wichtiger wird es, daß sie zur religiösen Toleranz geführt und erzogen werden.

Dies wird zur Aufgabe auch der Politiker, die den Frieden erhalten und einen »*Clash of Civilizations*« vermeiden wollen. Bis zu einem allgemeinen »Weltethos« im Sinne Hans Küngs mag es noch ein weiter Weg sein. Immerhin ist ein Anfang gemacht, erste Wegweisungen sind in den letzten Jahrzehnten ergangen, durch das Weltkirchenparlament und sogar durch den theologisch überaus konservativen Papst Johannes Paul II. Der Westen insgesamt aber muß sich hüten, unsere wohlbegründeten Grundprinzipien der Demokratie und der Menschenrechte mit quasi religiösem Eifer den Völkern anderer Kulturen zu oktroyieren. Diese Grundprinzipien sind nicht der Religion entsprungen, sondern der philosophischen Aufklärung der Neuzeit; selbst Thomas Jefferson, einer der großen amerikanischen Wegbereiter der Demokratie, hat noch Sklaven besessen (ebenso wie zwei Jahrtausende vor ihm Perikles in Athen). Der Westen hat keinerlei Grund zur moralischen Überheblichkeit. Er muß vielmehr alles daransetzen, religiöse und kulturelle Intoleranz abzubauen, weil diese Intoleranz in der Phase der anhaltenden Bevölkerungsexplosion zu einem die Menschheit bedrängenden Weltproblem zu werden droht.

Technologische und ökonomische Globalisierung

Für den Schritt vom Faustkeil zum Messer oder zur Speerspitze aus bearbeitetem Stein hat der Mensch Zehntausende von Jahren gebraucht. Von den Feldschlangen der Europäer am Ausgang des Mittelalters bis zu den Maschinengewehren des Ersten Weltkriegs haben wir immerhin einige Jahrhunderte gebraucht. Vom ersten Flugzeug bis zu den Bombenteppichen auf Dresden und Hamburg hat es nur noch ein halbes Jahrhundert gedauert, von Wernher von Brauns V1 bis zum ersten Sputnik nicht einmal mehr zwanzig Jahre. Die Erfahrungen der letzten zweihundert Jahre sprechen dafür, daß sich die Beschleunigung naturwissenschaftlicher Erkenntnis und ihrer technischen Anwendung im 21. Jahrhundert fortsetzen wird.

Die ägyptischen Pyramiden, die Tempel der Griechen, die Chinesische Mauer, die großen Bauten der Azteken oder der Inkas, sie alle wurden mit menschlicher Kraft von Sklaven und Zwangsarbeitern errichtet; dann kam die Kraft von Tieren hinzu, später nahm der Mensch Wassermühlen und Windmühlen zu Hilfe. Die erste europäische Kraftmaschine erfand James Watt am Ende des 18. Jahrhunderts; heute gibt es atomgetriebene Unterseeboote, und die Menschheit fliegt in Düsenflugzeugen. Von der indischen Erfindung des Blockdrucks bis zu Johannes Gutenbergs beweglichen Lettern ist ein halbes Jahrtausend vergangen, bis zum Rotationsdruck nochmals mehrere Jahrhunderte. Aber vom ersten Computer bis zum Internet haben wir nur noch wenige Jahrzehnte gebraucht. Ähnlich rasant verliefen die Entwicklungen auf den Gebieten der Medizin, der Chemie oder des Ingenieurwesens.

Nicht nur der zeitliche Abstand zwischen zwei grundlegenden Entdeckungen hat sich in den meisten Naturwissenschaften im Laufe des 20. Jahrhunderts ungewöhnlich verringert. Auch der zeitliche Abstand zwischen einer neuen Entdeckung in der Grundlagenforschung und ihrer anschließenden Anwendung hat sich stark verkürzt. Auf vielen Gebieten ist die Unterscheidung zwischen Grundlagenforschung und anwendungsorientierter Forschung und Entwicklung heute weitgehend unmöglich geworden; dies gilt zum Beispiel auch für die diagnostische wie für die therapeutische Medizin einschließlich der Pharmakologie. Die Entwicklungen der Gentechnologie, der Computer- und Informationstechnologie, der Nanotechnologie und der Robotik, der Raumfahrt oder der Photovoltaik wären ohne engste Verbindung mit der Grundlagenforschung nicht möglich.

Die gegenseitige Beeinflussung von anwendungsorientierter und grundlagenorientierter Forschung ist zwangsläufig geworden. Man muß für das 21. Jahrhundert erwarten, daß zweckfreie oder anwendungsfreie, ausschließlich auf Erkenntnis gerichtete naturwissenschaftliche Forschung zur großen Ausnahme werden wird. Der apparative und finanzielle Aufwand, den die naturwissenschaftliche Forschung verlangt, ist einfach zu groß geworden und kann nur im Ausnahmefall von Einzelpersonen oder kleinen Einheiten geleistet werden. In der Regel bedarf es der Finanzkraft großer Unternehmen oder der Staatshaushalte – bei den letzteren liegt das Hauptgewicht. Der zu Beginn des 21. Jahrhunderts erreichte naturwissenschaftliche und technologische Vorsprung der USA im Vergleich mit allen anderen Staaten der Welt ist eine Folge nicht nur der vorzüglichen Forschungsorganisation privater Universitäten und Unternehmen, sondern vor allem der Finanzierung wichtiger Forschungs- und Entwicklungsprojekte durch die zentralstaatlichen Budgets des Pentagon, der NASA und des National Institute of Health.

Noch in den ersten Jahrzehnten des 20. Jahrhunderts hatte die Führung auf sämtlichen Gebieten der Naturwissenschaften bei den Europäern gelegen; zu den Spitzenuniversitäten und führenden Forschungseinrichtungen zählten auch einige deutsche Institute. Seit dem Zweiten Weltkrieg sind Forschungsaufwand und Forschungsergebnisse in Europa hinter den Erfolgen Amerikas zurückgeblieben. Wenn es dabei bleiben sollte, kann sich daraus eine zusätzliche Abhängigkeit der Europäer von amerikanischen Interessen und Entscheidungen ergeben. Außerdem darf nicht daran vorbeigesehen werden, daß auf einigen Gebieten des wissenschaftlichen und technischen Fortschritts inzwischen auch asiatische Staaten in Spitzenpositionen gerückt sind, so

Japan, Indien, Israel – und wahrscheinlich wird China bald folgen.

Die schnelle Globalisierung aller neuen Technologien verschärft den internationalen Wettbewerb. *Joint ventures,* Produktionsniederlassungen, Lizenzen und Export sorgen dafür, daß wohlorganisierte Unternehmen und ganze Staaten außerhalb der USA und Europas in kurzer Zeit in den Besitz der jeweils neuesten Technologien gelangen. Das Internet ermöglicht den weltweiten Zugriff und wird die Entwicklung weiterhin beschleunigen. Auf Jahrzehnte hinaus wird von einer wissenschaftlich-technologischen Spitzenstellung Europas jedenfalls keine Rede mehr sein können.

Abgesehen von den kulturellen und ökonomischen Konsequenzen, die dieser Prozeß mit sich bringt, zum Beispiel für die Beschäftigung, können sich auch andere, bisher noch unbekannte Probleme ergeben. So manche neuen Technologien bergen Gefahren in sich – wer wird für ihre Kontrolle und ihre Überwachung sorgen? Die Ausbreitung der Atomwaffentechnologie zeigt, daß selbst strengste militärische Geheimhaltung und ein internationaler Nichtverbreitungsvertrag nebst internationaler Kontrollen nicht ausreichen. Der durch bösartige Manipulation hergestellte Computervirus, mit dem im Frühjahr 2000 in vielen Staaten und Unternehmen die Funktionen der Rechensysteme und Datenbanken vorübergehend lahmgelegt wurden, bot einen ersten Vorgeschmack auf neuartige Verbrechen mit Hilfe neuartiger Techniken.

Über das Internet könnten bald schon Alarmierungen ausgelöst, Banken funktionsuntüchtig gemacht oder der Luftverkehr lahmgelegt werden. Es wird daher notwendig sein, rechtzeitig die vorhersehbaren Folgewirkungen neuer

Technologien einzuschätzen, sie zu bewerten und mögliche Gefahren durch internationale Verträge, Behörden und Verfahren einzugrenzen. Aber wer soll dafür zuständig sein? Wer kann verhindern, daß das Internet zum Tummelplatz des internationalen Verbrechens wird? Und mit welchen Mitteln muß dagegen vorgegangen werden?

Die sogenannte Globalisierung hat die weltweite Ausbreitung des technischen Fortschritts außerordentlich begünstigt. Was aber ist mit dem neuen Schlagwort eigentlich gemeint, was verbirgt sich hinter dem Begriff? Gibt es nicht schon seit Jahrhunderten eine große Weltwirtschaft?

Tatsächlich hat sich im Vergleich etwa zum Jahre 1985 die Zahl der Teilnehmer am weltweiten Austausch von Gütern und Leistungen verdoppelt. China ist hinzugekommen; auch sämtliche Mitgliedsstaaten des von der ehemaligen Sowjetunion beherrschten, nunmehr verschwundenen Rates für gegenseitige Wirtschaftshilfe (RGW) gehören jetzt dazu, ebenso eine Reihe weiterer Staaten, die sich früher von der Weltwirtschaft weitgehend abgeschottet hatten. Unterstützt wird die Entwicklung durch die rasch fortschreitende allgemeine Tendenz zur Aufhebung nationaler Handelsbeschränkungen aller Art.

Ein wesentlicher Faktor der Globalisierung besteht in der Überwindung des Raumes. Riesige Tankerflotten und Containerschiffe, ein schnell wachsender weltumspannender Luftverkehr und moderne Informationsnetze rund um den Globus haben die geographischen Entfernungen und Barrieren zusammenschrumpfen lassen. Heute fliegt man in kürzerer Zeit von Frankfurt nach Tokio, als Goethe für die Reise von Frankfurt nach Weimar brauchte.

Es gibt am Beginn des 21. Jahrhunderts nur noch ganz wenige Länder, die von der Globalisierung kaum erfaßt oder beeinflußt sind – Nord-Korea zum Beispiel oder einige afrikanische Staaten. Wahrscheinlich wird die Entwicklung auch sie in kurzer Zeit erreichen; einstweilen können sie ökonomisch keine wichtige Rolle spielen. Insgesamt wird man jedoch davon ausgehen müssen, daß es für die große Mehrheit der Menschen im 21. Jahrhundert eine größere ökonomische Abhängigkeit von der Weltwirtschaft geben wird als jemals zuvor in der Geschichte.

Die Vorteile der internationalen Verflechtungen werden an den Beispielen Süd-Korea, Taiwan, Hongkong und Singapur besonders deutlich. Der sagenhafte ökonomische und soziale Aufstieg dieser vier Staaten wäre ohne ihre gewollte Einbeziehung in den Welthandel und in den technologischen und finanziellen Austausch mit den westlichen Industriestaaten nicht möglich gewesen. Alle vier noch vor einem halben Jahrhundert weit zurückgebliebenen Entwicklungsländer mit sehr niedrigem Lebensstandard verdanken ihren heutigen hohen Wohlstand einer vorweggenommenen Globalisierung. Heute gehören sie zur Spitzengruppe der Exportländer der Welt und haben Spanien, Schweden oder die Schweiz hinter sich gelassen. Der noch in den siebziger Jahren häufig benutzte freundlich-herablassende Ausdruck *four little tigers* ist heute um so weniger angebracht – es sei denn, man streicht das Adjektiv.

In allen vier Staaten hat eine ziemlich rigorose Anpassung der gesellschaftlichen Strukturen an westliche Beispiele und Standards stattgefunden. Korea ist bis zum Ende des Zweiten Weltkriegs eine ausgebeutete japanische Kolonie gewesen, Singapur und Hongkong (heute wieder Teil der

Volksrepublik China) waren britische Kolonien, Taiwan (heute die autonome, nicht als souverän anerkannte Republik China) war eine wirtschaftlich darniederliegende Provinz des darniederliegenden Mutterlandes China. In keinem dieser Länder ist der Weg der Anpassung und der Eingliederung in die Weltwirtschaft schmerzfrei verlaufen. Relativ straffe, autoritäre und teilweise diktatorische Regierungsformen haben den Prozeß begünstigt. Nur langsam setzen sich demokratische Entwicklungen durch. Aber der am Ende des 20. Jahrhunderts erreichte allgemeine Lebensstandard und der Stand der ökonomischen Entwicklung sind eindrucksvoll.

Technologische und ökonomische Globalisierung bieten vielen asiatischen, lateinamerikanischen und afrikanischen Ländern ähnliche Chancen. Das Beispiel der vier obengenannten asiatischen Staaten zeigt allerdings, daß die Anpassungsprozesse zielbewußter Regierungen bedürfen. Die meisten Regierungen der übervölkerten Entwicklungsländer streben danach, ihre Menschenmassen durch Einführung westlicher Produktionsmethoden besser zu ernähren und ihren Lebensstandard anzuheben, sie bemühen sich um westliche Investitionen, und westliche Entwicklungshilfe kommt hinzu. Bisher ist der Erfolg in den meisten Entwicklungsländern aber begrenzt. Die schnelle Bevölkerungszunahme, unfähige und auch korrupte Regierungen, innenpolitisches Chaos oder unverhältnismäßig hohe Rüstungsausgaben haben in vielen Staaten die ökonomischen Fortschritte wieder zunichte gemacht.

Immer wenn es einem Entwicklungsland gelingt, sich an der technologischen Globalisierung zu beteiligen, so bietet es auf den Weltmärkten Produkte an, die bis dahin vornehmlich aus den alten Industrieländern kamen. Damit verstärkt sich der Wettbewerbsdruck in den alten Industrieländern, insbesondere für die dortigen Arbeitnehmer. Die Menschen in den Entwicklungsländern werden noch auf Jahrzehnte bereit sein – wahrscheinlich weit über das neue Jahrhundert hinaus –, zu deutlich geringeren Löhnen und bei deutlich geringerer sozialer Sicherung zu arbeiten als etwa die Menschen in Europa, in Nordamerika oder in Japan. Deshalb können Unternehmen in wohlangepaßten Entwicklungsländern ihre Produkte auf den Weltmärkten zu niedrigeren Preisen anbieten, als sie von den Unternehmern der alten Industriestaaten erzielt wurden.

Die Globalisierung der Technologie hat den industriellen und technologischen Vorteil, über den Westeuropa fast zwei Jahrhunderte lang verfügte, bereits zu einem erheblichen Teil eingeebnet. Wir stehen morgen in einem weltweiten Wettbewerb – nicht nur um den Absatz von Produkten und Dienstleistungen, sondern, damit verbunden, auch um Arbeitsplätze. Ein – wenn auch vorerst kleiner – Teil der strukturellen Arbeitslosigkeit in Europa geht schon heute auf den »Export von Arbeitsplätzen« in die Niedriglohnländer zurück; zukünftig kann dieser Anteil erheblich steigen.

Wir Westeuropäer haben diese Entwicklung nicht rechtzeitig erkannt, wir haben außerdem bisher nicht die Kraft aufgebracht, die notwendigen Konsequenzen zu ziehen. In den USA hat man dagegen eine Vielzahl neuer Technologien entwickelt, einen neuen, kategorischen Technologievorsprung einschließlich der ökonomischen Anwendung verwirklicht, infolgedessen viele neue Arbeitsplätze geschaffen und auf diese Weise einstweilen ein eindrucksvolles Gegengewicht zum Export konventioneller Arbeitsplätze erreicht. Die Faktoren, die dem seit fast einem Jahrzehnt andauernden amerikanischen Boom zugrunde liegen, beschränken sich allerdings nicht auf die in der Welt einmalige Forschungs- und Entwicklungsanstrengung; auch ein anhaltend hoher Zufluß ausländischen Finanzkapitals spielt eine gewichtige Rolle. Dazu kommt eine für Europäer fast unzumutbar erscheinende soziale Rücksichtslosigkeit.

Außerdem gibt es aber in den USA auch innenpolitisch gewichtige Tendenzen, vor allem von gewerkschaftlicher Seite und seitens der Landwirtschaft, um amerikanische Produkte vor unerwünschtem ausländischen Wettbewerb zu schützen. Zwar ist die US-amerikanische Handelspolitik offiziell freihändlerisch, tatsächlich jedoch ist sie vielfältig protektionistisch. Die Europäische Union ist mindestens in gleichem Maße vieler Verstöße gegen das Prinzip des Freihandels schuldig. Es ist daher durchaus denkbar, wenngleich keineswegs wünschenswert, daß es im Laufe des neuen Jahrhunderts zu weiteren Handelsbeschränkungen kommt, um national unerwünschte Folgen des globalisierten Wettbewerbs abzuwehren. Daran würden sich nicht nur die USA und die Europäische Union beteiligen, sondern vermutlich auch Japan, China, Rußland und manche derjenigen Staaten, die in der Transformation von einer kommunistischen Zwangswirtschaft zu einer marktorientierten Privatwirtschaft begriffen sind – außerdem viele Entwicklungsländer. Mit anderen Worten: Die ökonomische Globalisierung kann eine politische Gefährdung des freien Welthandels provozieren. Sie kann auch machtpolitische Konflikte provozieren.

Raubtierkapitalismus

Neben der technologischen und ökonomischen Globalisierung steht die schon seit etwa drei Jahrzehnten sich abzeichnende Globalisierung der Finanzen. Die heutige weitgehende Freiheit des internationalen Geld- und Kapitalverkehrs wäre für Unternehmen und Banken in den alten Industriestaaten Europas 1970 noch undenkbar gewesen. Während es bis in die siebziger Jahre fast überall vielerlei Kontrollen und Genehmigungszwänge für den grenzüberschreitenden Kapitalverkehr gegeben und infolgedessen der internationale Kapitalverkehr im Verhältnis zum internationalen Warenverkehr eine überwiegend dienende Rolle gespielt hatte, führte die in den ökonomisch wichtigsten Staaten der Welt in schnellen Schritten erfolgte Freigabe des grenzüberschreitenden Verkehrs mit privatem Kapital und privatem Geld bald zu einer stetigen Steigerung der internationalen Kapitalmobilität. Unabhängig davon gelang es mit Hilfe der modernen Telekommunikation, Kapitalverkehrskontrollen in erheblichem Maße zu unterlaufen. Heute erlauben Computer und Telekommunikation einer Bank in Tokio oder Amsterdam, innerhalb von Minuten auf eine Information aus New York oder auf ein Ereignis in Hongkong zu reagieren: mit Ankauf und Verkauf bestimmter Währungen, Wertpapiere oder Derivate.

Formal gibt es noch eine größere Zahl nationaler Wertpapierbörsen, tatsächlich aber gibt es nur noch einen einzigen weltweiten Aktienmarkt; das gleiche gilt für Derivate, für Währungen und so weiter. Derivate *(financial derivatives)* sind in Wahrheit Scheine über Wetten auf zukünftige Veränderungen von Aktien- und Anleihekursen, von Zinsen, Wechselkursen und dergleichen mehr. Dabei stehen meist große Beträge auf dem Spiel, wenngleich der Einsatz zu Beginn eher bescheiden ist. Ursprünglich hatten die – damals relativ simplen – Derivate den Zweck, längerfristige internationale Liefergeschäfte gegen unvorhergesehene Preis- oder Wechselkursschwankungen zu sichern. Aber seit dem Ende des Bretton-Woods-Systems haben Derivate der verschiedensten Art sich wie eine Seuche schnell über die ganze Welt ausgebreitet. Der tägliche internationale Handel mit Derivaten hat heute, in Geld ausgedrückt, mindestens den zwanzigfachen, möglicherweise den dreißigfachen Umfang des gesamten internationalen Handels in Gütern.

Die Finanzmärkte, ihre Manager und Händler haben sich weitestgehend von der Güter produzierenden und Güter handelnden Wirtschaft abgekoppelt. Letztere wird in Amerika, im Gegensatz zu den Finanzmärkten, bezeichnenderweise *the real economy* genannt, die tatsächliche Volkswirtschaft. Aber die globalen Finanzmärkte sind ebenso eine Wirklichkeit. Sie können ganze Volkswirtschaften zum Einsturz bringen – wie es Ende der neunziger Jahre in Südostasien und in Süd-Korea geschehen ist.

Während die Manager großer Finanzunternehmen im Laufe der letzten Jahrzehnte gewaltig an Dispositionsmöglichkeiten gewonnen haben, haben nationale Parlamente und Regierungen Dispositionsspielräume verloren. Deutlicher gesagt: Auch in demokratisch verfaßten, marktwirtschaftlich organisierten Staaten haben die Regierenden einen Teil ihrer früheren Macht an private Hände abgegeben.

Ein auch dem Laien einleuchtendes Beispiel dafür wurde

der Welt 1992 vor Augen geführt, als die waghalsige Spekulation des Managements eines einzigen privaten Währungsfonds, des Quantum-Fonds von George Sorós, die britische Regierung zur Abwertung der Sterling-Währung gezwungen hat. Fünf Jahre später haben einige Finanzmanager durch ihre rücksichtslosen Operationen mit kurzfristigen Kapitalien die Volkswirtschaften fast aller Staaten Südostasiens in eine tiefe Krise gestürzt. Natürlich haben bei diesen Unglücksfällen auch Versäumnisse und Schwächen der jeweiligen Regierung eine Rolle gespielt. Jetzt stehen alle vor der Frage, ob und wie sie ihre Volkswirtschaften zukünftig gegen vergleichbare Katastrophen schützen können.

Es gibt einstweilen keine globale Wettbewerbsordnung, kein globales Kartellrecht, keine weltweit funktionierende Bankaufsicht. Es wird eine schwerwiegende Frage an das neue Jahrhundert, ob und wie die Regierungen diejenigen Machtbefugnisse und -instrumente zurückgewinnen, die für die Wohlfahrt ihrer Staaten notwendig sind. Dabei werden viele Entwicklungsländer und viele der im Laufe der zweiten Hälfte des 20. Jahrhunderts entstandenen Kleinstaaten von vornherein schlechte Karten haben. Selbst die weltwirtschaftlich bedeutenden europäischen Staaten wie Frankreich, England, Deutschland, Italien, Spanien oder die Schweiz würden im Laufe des neuen Jahrhunderts sehr große Schwierigkeiten haben, ihre nationalen Interessen angemessen zu behaupten, wenn jeder es auf eigene Faust versuchen wollte. Nur wenn sie gemeinsam operieren, das heißt nur im Rahmen einer voll handlungsfähigen Europäischen Union, können sie ausreichenden Erfolg erhoffen.

Allerdings haben es die Europäer selbst zugelassen, daß

die im Laufe des 20. Jahrhunderts schrittweise entwickelten und verfeinerten Kontrollmechanismen der staatlichen Behörden für Bankaufsicht, Wertpapieraufsicht und Versicherungsaufsicht in den letzten beiden Jahrzehnten zunehmend an Kompetenz und an Macht verloren. Sie sahen zum Beispiel tatenlos zu, wie zahlreiche private Finanz- und Geldinstitute ihren Sitz in souveränen Kleinstaaten, meist auf irgendwelchen Inseln, wählten, weil es dort weder funktionstüchtige Aufsichtsbehörden noch eine funktionierende Einkommensteuer gibt. Die Liste der drei Dutzend »Steueroasen« reicht von Liechtenstein bis zu den englischen Kanalinseln und von den Antillen bis Bahrain. Die Liste der *off-shore*-Bankplätze ist ähnlich lang. Eine normale Kreissparkasse in Deutschland ist unendlich sorgfältiger beaufsichtigt als zum Beispiel ein offiziell auf den Bermudas residierender privater Investmentfonds, der täglich global mit Milliarden hantiert.

Die ungeheure, die meisten Staaten der Welt umfassende Kapitalmobilität ist der wichtigste Grund für die ungesunden, für den Außenhandel kaum mehr kalkulierbaren wilden Schwankungen der Wechselkurse. Die meisten Regierungen haben theoretisch nur noch die Wahl, ihre Währung an eine weltweit anerkannte Währung anzubinden oder die Wechselkurse freizugeben. Für beide Varianten gibt es ermutigende und abschreckende Beispiele. So hat während zweier Jahrzehnte die De-facto-Anbindung des holländischen Gulden an die DM als Leitwährung ganz gut funktioniert; mit der gleichzeitigen Anbindung des englischen Sterling im Rahmen des EMS dagegen klappte es nicht. Die Anbindung einiger südostasiatischer Währungen an den amerikanischen Dollar hat sogar zu Katastrophen geführt.

Umgekehrt hat die Freigabe des Wechselkurses des russischen Rubels ebenfalls zur Katastrophe geführt.

In vielen Fällen können Regierungen dem Dilemma am ehesten entgehen, wenn sie im eigenen Land für eine kontinuierlich gesunde Haushalts- und Geldpolitik und eine ausgeglichene Außenbilanz sorgen – das ist leichter gesagt als getan – und wenn sie ein gewisses Maß an Kapitalverkehrskontrollen aufrechterhalten oder wieder einführen. China ist diesen Weg bisher mit gutem Erfolg gegangen. Elf der fünfzehn Mitgliedsstaaten der Europäischen Union haben das Dilemma umgangen, indem sie ihre Währungen und damit die Wechselkurse zwischen ihnen abgeschafft und durch die gemeinsame Euro-Währung ersetzt haben. Auf mittlere Sicht wird die Europäische Union infolgedessen weltweit ein erhebliches währungspolitisches Gewicht erlangen.

Die weitere Entwicklung der globalisierten Finanzmärkte muß die Verantwortlichen mit Sorge erfüllen. Chaotisches Verhalten einzelner riesiger Finanzkonglomerate ist nicht auszuschließen, auch ein weltweiter *crash* auf den Aktienmärkten wird denkbar. Souveräne Staaten als Steueroasen und *off-shore banking* untergraben die Solidität des Bankwesens, hinzu kommen der Handel mit Derivaten und nicht zuletzt eine hysterische Fusionswelle. Insgesamt haben wir es am Beginn des neuen Jahrhunderts mit einer Welle von globalem Spekulationismus und mit erheblicher Unordnung zu tun.

Dagegen gibt es als weltweiten Ordnungsfaktor einstweilen nur den Weltwährungsfonds (IMF). Aber dieser hat mit dem Ende des Systems fester Wechselkurse, also seit einem Vierteljahrhundert, seine eigentliche Aufgabe verloren. Seither hat er sich einige neue Betätigungsfelder gesucht. Kredite an Staaten, die in Schwierigkeiten waren, wurden verknüpft mit ökonomischen Auflagen und Ratschlägen. Diese Einmischungen waren in vielen Fällen aus amerikanisch-marktwirtschaftlicher Ideologie geboren und gingen oft von unzureichender Kenntnis der Geschichte und Kultur, der politischen und wirtschaftlichen Strukturen des jeweiligen Staates aus. Manche Ratschläge – zum Beispiel die nachdrückliche Forderung nach Abschaffung von Kapitalverkehrskontrollen und Öffnung auch für kurzfristigen ausländischen Kapitalimport – haben katastrophale Folgen gehabt. Solange ausländisches Kapital ins Land strömt, scheint es keine Probleme zu geben; wenn es dann aber kurzfristig und massiv wieder abgezogen wird, fehlt es an Devisen, das heißt an Währungsreserven, und der Wechselkurs der eigenen Währung fällt ins Bodenlose. Bei zahlreichen großen Hilfsaktionen des IMF haben vornehmlich private ausländische Kapitalgeber profitiert. Sie erhielten in harter Währung ihre aufgelaufene Verzinsung oder fällige Rückzahlung, während der in die Krise geratene Staat kaum frisches Geld in die Hand bekam. In der Regel dauerte es nicht lange, bis dem betreffenden Staat seine ausländischen Schulden ganz oder teilweise erlassen werden mußten – zu Lasten der Steuerzahler in den Industrieländern, die ohnehin zur Hauptsache den IMF finanzieren.

Diese Praxis hat in vielen kreditimportierenden Staaten zu fortgesetzter finanzpolitischer Disziplinlosigkeit geführt, darüber hinaus hat sie Korruption großen Ausmaßes begünstigt – von Manila und Jakarta bis nach Mexico

City und Moskau. Zu allem Überfluß hat der IMF sich auch noch auf das Gebiet der Entwicklungshilfe begeben und sich in die Aufgaben der Weltbank eingemischt. Aus allen diesen Gründen hat man die Frage nach der Existenzberechtigung des IMF aufgeworfen. Jedenfalls bedarf es einer gründlichen Reform und einer Begrenzung seiner Aufgaben.

Die Globalisierung der Finanzmärkte und die Fehlschläge des IMF stellen die Staatenwelt zu Beginn des 21. Jahrhunderts vor die Aufgabe, eine neue »globale Finanzarchitektur« zu schaffen. Diese wird auch die Rolle der Weltbank und der Entwicklungshilfekredite neu definieren müssen.

Vor allem muß für eine weltweit akzeptierte Ordnung auf den Finanzmärkten und für eine international abgestimmte effiziente Aufsicht gesorgt werden. Bei dieser Aufgabe wird die Regierung der USA ihr Interesse als weitgehend identisch mit dem Interesse der Wall Street definieren und kraftvoll vertreten.

Bisher hat der sogenannte »Washington consensus«, das heißt die Übereinstimmung der Interessen der privaten amerikanischen Banken und Investmenthäuser mit den Auffassungen des amerikanischen Zentralbanksystems und des amerikanischen Finanzministeriums, die Tätigkeiten des IMF und der Weltbank weitgehend dominiert. Der *Washington consensus* ist Teil des amerikanischen hegemonialen Systems. Eine im Interesse aller an der Weltwirtschaft beteiligten Völker und Staaten anzustrebende neue und zuverlässigere Finanzarchitektur wird deshalb erhebliche Konflikte mit den USA auslösen. Die Europäische Union wird ihre eigenen Interessen definieren, sie wird eigene Instrumente zu deren Vertretung und Verfolgung entwikkeln müssen. Die Europäische Zentralbank und der Euro sind wichtige Schritte auf diesem Wege, aber sie reichen noch nicht aus.

Zentralbanken haben nur sehr begrenzte Möglichkeiten zur Beeinflussung der Finanzmärkte. Sie können die kurzfristigen Kredite teurer machen und die Geldmenge verknappen; sie können umgekehrt ihre Zinsen senken und die Geldmenge erhöhen. Die Vermeidung von Inflation bleibt ihre wichtigste Aufgabe. Nur indirekt und zeitversetzt können sie Aktienkurse oder Wechselkurse beeinflussen. In einigen Staaten wirken sie zwar an der Bankaufsicht mit (nicht so die Europäische Zentralbank), aber in der Regel sind ihre Möglichkeiten sehr gering, das Geschehen an den Finanzmärkten zu disziplinieren.

Die Frage, ob die staatlichen Behörden ausreichen, die heute mit der Aufsicht über Finanzinstitute, Wertpapiere und Börsen betraut sind, ob sie riskante Operationen privater Finanzhäuser oder gigantische Bankenfusionen tatsächlich unter Kontrolle zu halten vermögen, kann man selbst für den Bereich der EU kaum mit gutem Gewissen bejahen. Auch die EU wird sich eine neue Finanzarchitektur schaffen müssen. Auch innerhalb der EU wird es darüber zu Interessenkonflikten kommen; weder Luxemburg noch erst recht London werden europaweiten finanzpolitischen Regulierungen ohne weiteres zustimmen, wenn diese die Abschaffung von Steuer- und Bankaufsichtsoasen auf ihren Territorien einschließen (was sehr zu wünschen ist).

Von Amerika ausgehend hat sich in den letzten Jahren eine neue Haltung an den Finanzmärkten durchgesetzt. Es erscheint den Finanzmanagern heute weniger wichtig, sich um die Kredit- oder Finanzierungsbedürfnisse des kleinen Kaufmanns oder Handwerkers oder um die Anlagebedürfnisse des kleinen Sparers zu kümmern; statt dessen wollen sie möglichst zu *global players* werden. Manchen sind öffentlich propagierte schwindelerregende Bilanzzahlen wichtiger als der gute Ruf ihres Hauses. Vor allem aus diesem Grunde erleben wir seit einem Jahrzehnt eine unablässige Kette von Fusionen zwischen Finanzhäusern aller Art. Dabei sind die Unterscheidungen zwischen Banken und Versicherungen, zwischen Banken und Börsenmaklern, zwischen Investmentbanken und großen Wirtschaftsprüfungs- und Beratungsgesellschaften ziemlich obsolet geworden. Auch die großen Industriekonzerne beteiligen sich mit ihren Finanzabteilungen an fast allen Arten von Finanzgeschäften (notabene ohne dabei der Bankaufsicht zu unterliegen).

Die finanzielle Globalisierung hat dem neuen Jahrhundert zwei weltweit ansteckende Krankheiten beschert, nämlich die Fusionitis (auf amerikanisch: *merger mania*) und die Aktienhysterie. Die Pläne für die fast alltäglich gewordenen freundlichen wie feindlichen Fusionen entstehen meist in den Büros von Managern großer Investmentbanken und großer Wirtschaftsberatungsgesellschaften. Sie raten ihrem Klienten zur Fusion oder zur feindlichen Übernahme und rechnen ihm eine große, zu Buch schlagende Kostenersparnis – vor allem durch Personalentlassungen – und einen höheren Marktanteil aus. Sodann empfehlen sie dem Klienten entweder eine Taktik für Übernahmeverhandlungen mit dem Management der ins Visier genommenen Firma (wofür sie ihre weiteren Dienste anbieten), oder sie raten ihm, die Aktien des Übernahmekandidaten an der

Börse aufzukaufen (wofür sie desgleichen ihre Dienste anbieten).

Im letzteren Fall werden den Aktionären des Übernahmekandidaten lukrative Tauschaktionen und Barzahlungen angeboten; dabei spielen dann oft auch diverse Informationstricks und Finten eine Rolle, welche den Börsenkurs der zum Tausch angebotenen Aktien mindestens vorübergehend steigern – und umgekehrt. Ob am Ende der Räuber die Mehrheit der Aktien des Opfers in seine Hände bekommt (in den USA *unfriendly takeover* genannt), hängt sowohl von der Risikobereitschaft der Kreditgeber ab, die den Räuber finanzieren, als auch, auf der anderen Seite, von der Bereitschaft der Aktionäre (und der Aktienpaket-Besitzer, wie zum Beispiel Investmentfonds) zur Gewinnmitnahme.

Zwei Fusionen beziehungsweise Fusionsvorhaben haben kürzlich große öffentliche Aufmerksamkeit in Deutschland gefunden, nämlich der gescheiterte Versuch zur freundschaftlichen Verschmelzung von Deutscher Bank und Dresdner Bank und die geglückte feindliche Übernahme von Mannesmann durch Vodafone; ob Vodafone dauerhaft Erfolg haben wird, bleibt abzuwarten. Man hat geschätzt, daß etwa die Hälfte aller Fusionen der letzten Jahre sich über kurz oder lang als Fehlschlag herausgestellt hat. Trotzdem läuft die Welle der spekulativen Übernahmen einstweilen ungebrochen weiter, denn – ob erfolgreich oder nicht – in jedem Falle verdienen die beratenden Investmenthäuser und Beratungsgesellschaften, die hohe Gebühren kassieren. Überflüssig gewordene Manager erhalten hohe Abfindungen, und die siegreichen Manager bewilligen sich gegenseitig exorbitante Bonifikationen.

Die heutige Aktienhysterie des Westens hatte Ende der achtziger Jahre einen Vorläufer in Japan. Als dort die psychotisch überhöhten Aktienkurse zusammenbrachen, verloren nicht zuletzt auch die Banken, die mit Krediten private Aktienkäufe finanziert hatten. Weil im gleichen Zeitraum auch der preislich weit überhöhte Grundstücksmarkt einstürzte, gerieten viele japanische Banken in eine lang anhaltende Verlustphase, welche ihre Existenz bedrohte. Selbst nach fast einem Jahrzehnt staatlicher Stützung und horrender staatlicher, defizit-finanzierter Investitionsprogramme hat sich die japanische Volkswirtschaft noch nicht von dem Debakel erholen können. Der Vorgang sollte eigentlich lehren, daß hysterische Aktienmärkte gefährlich sind und daß sie deshalb rechtzeitig von den Regierungen, den Zentralbanken und den Aufsichtsbehörden gebremst werden sollten. Aber die westliche Welt, besonders die USA, hat einstweilen diese Lehre nicht gezogen.

Im Gegenteil: Seit Margaret Thatcher und Ronald Reagan erlebten zunächst England und die USA einen ungeheuren Aufschwung des Aktien-Kapitalismus; dieser hat sich inzwischen auf große Teile Europas, auf China und Rußland und andere Weltgegenden ausgedehnt. Ursprünglich und über zwei Jahrhunderte ist die Aktie ein Instrument gewesen, um einerseits für Unternehmen Kapital zu beschaffen und andererseits dem Aktionär eine langfristige und profitable Anlage für seine Ersparnisse zu ermöglichen. Die gesetzlichen Offenlegungspflichten des Vorstands und die Aktionärsversammlung nebst dem von ihr gewählten Aufsichtsrat dienten dabei der Kontrolle. Wenngleich es immer auch Mißbräuche, Aktienspekulation und Börsenhysterien gegeben hat, so konnte man – in Deutschland und anderswo – die Aktiengesellschaft doch als von Gesetzes wegen demokratisch geordnet ansehen; die deutsche Mitbestimmung der Arbeitnehmer der Aktiengesellschaft hat dieses Bild noch vollständiger gemacht. Anders in Amerika. Dort gibt es weder den Aufsichtsrat als Kontrollorgan über dem Vorstand noch Mitbestimmung; vielmehr ist die Verfügungsmacht in hohem Maße beim Vorstand *(board)* und seinen Exekutivmitgliedern konzentriert. Dieses Modell hat sich am Ende des 20. Jahrhunderts weltweit durchgesetzt.

Gleichzeitig hat die Aktie als Finanzierungsinstrument für unternehmerische Investitionen, für die Neugründung von Unternehmen, für die Fusion mit einem anderen Unternehmen oder auch für die feindliche Übernahme weltweit außerordentlich an Bedeutung gewonnen und den Bankkredit und die Industrieanleihe weitgehend verdrängt. Hunderte Millionen privater Personen in den USA, Europa und anderswo legen – von den Massenmedien beeinflußt – ihre Ersparnisse in Aktien an; zum Teil kaufen sie Aktien mit Hilfe von Bankkrediten. Die meisten spekulieren dabei auf zukünftigen Kursgewinn.

Diese spekulative Hysterie hat vor allem den Aktien neugegründeter Firmen der Informationstechnologien zu einem Höhenflug verholfen, der durch die ausgezahlten oder zu erwartenden Dividenden überhaupt nicht mehr gerechtfertigt werden kann. Man muß hoffen, daß im Laufe des ersten Jahrzehnts des neuen Jahrhunderts ein schrittweiser Kursrückgang die Hysterie abflachen läßt. Jedoch kann man auch einen schnellen Zusammenbruch *(crash)* nicht ganz ausschließen; er wiederum würde Hysterien ganz anderer Art auslösen und vermutlich als Rezession auf die Weltwirtschaft durchschlagen – wir haben dergleichen in schlimmster Form 1929/30 schon einmal erlebt.

Die meisten Aktien befinden sich heute in den Händen von Fonds, welche den eigentlichen privaten Kapitalgebern Investmentzertifikate ausstellen. Die Investmentfonds, häufig von Banken und anderen Geldhäusern veranstaltet und gemanagt, und ihre Manager, Analysten und Händler sind die eigentlichen Urheber der Hysterie (ein gleiches gilt für die Hedge-Fonds, die in Derivaten spekulieren, für Währungsfonds und so weiter). Es handelt sich zumeist um hochintelligente, hochehrgeizige, profitgierige junge Leute mit unterentwickeltem gesellschaftlichen Verantwortungsbewußtsein.

Auf einem dänischen Nordseedeich, auf dem etwa zweihundert Schafe weideten, habe ich einmal erlebt, wie ohne erkennbaren Anlaß ein Schaf zu rennen anfing; auf der Stelle ließen sich einige andere Schafe mitreißen, und binnen Sekunden rannte die ganze Herde hinterher – insgesamt keine Karikatur, sondern ein ziemlich realistisches Bild für das Verhalten jener zehntausend Leute, die zwischen Wall Street und Tokio die Weltfinanzmärkte darstellen.

Früher richtete sich der Börsenkurs einer Aktie im allgemeinen nach ihrer Dividende, das »Kurs-Gewinn-Verhältnis« lag zwischen 10 zu 1 und 16 zu 1; heute sind Kurs-Gewinn-Verhältnisse von 24 zu 1 oder 30 zu 1 keine Seltenheit. Es gibt sogar Aktien, deren hysterisch hochgetriebenen Kursen überhaupt keine jemals gezahlte Dividende gegenübersteht, zumal in den »neuen Märkten«. Aber viele der heute neugegründeten High-Tech-Unternehmen werden übermorgen wieder eingehen.

Auch das Verhalten von angestellten Vorständen großer

industrieller Unternehmen und Geldhäuser ist in zunehmendem Maße von Profitgier gekennzeichnet; Gehälter, Bonifikationen und Abfindungen erreichen in manchen Fällen ein obszönes Ausmaß. Weit ärgerlicher und zugleich gefährlich ist jedoch die zunehmende Konzentration von weltwirtschaftlicher Macht in den Händen weniger Finanzmanager an der Spitze weltweit agierender privater Banken, Fonds und Investmenthäuser. Hier ist möglicherweise eine neue globale Oberklasse – eine alleroberste Klasse! – im Entstehen. In dieser Klasse kommt das dem Menschen immanente Streben nach Dominanz zum vollen Durchbruch.

Wer angesichts dieser weltweiten Tendenz meint, die Finanzmärkte *(the markets)* seien die einzig brauchbare Grundlage ökonomischer Vernunft, und deshalb eine schrankenlose Freiheit der globalen Finanzmärkte propagiert, der ist blind für die Gefahren eines moralisch rücksichtslosen, sozial verantwortungslosen Raubtierkapitalismus. Soweit die Regierungen und Parlamente innerhalb ihrer Staatsgrenzen die oberste Kontrolle ausüben können (oder besser: solange sie dies *noch* können), wird der Kapitalismus einer offenen, demokratisch verfaßten Gesellschaft wohl einigermaßen zivilisiert bleiben. Wenn aber ein übernational agierender, machtgieriger, unkontrollierter Kapitalismus sich durchsetzen sollte, könnte das ebenso auch rücksichtslose Gegenkräfte hervorrufen: antikapitalistischen, auch antidemokratischen Fundamentalismus und Nationalismus.

Amerikanische Dominanz

Im Laufe der letzten fünfzig Jahre bin ich wohl an die hundertmal in den USA gewesen, in fast allen Staaten, auch in fast allen großen Städten. Immer wieder war und bin ich tief beeindruckt von der Vitalität dieser Nation. Selbstvertrauen und Risikobereitschaft sind dort gemeinhin stärker als in Europa. Die europäischen Einwanderer, die die amerikanische Gesellschaft aufgebaut haben, waren eine wagemutige Elite, ob sie aus Irland oder Polen, aus England oder Italien, aus Frankreich, Holland, Rußland oder Deutschland kamen. Sie haben ihren Mut, ihren Optimismus und auch ihre Naivität an ihre Kinder und Kindeskinder vererbt.

Diese Amerikaner sind am Beginn des neuen Jahrhunderts nicht nur Weltmeister in Sachen Finanzkapitalismus, sondern Weltmeister auch der naturwissenschaftlichen Forschung – von der Astrophysik bis zu dem weitgefächerten Spektrum der *life science* – und ebenso Weltmeister in Sachen Spitzentechnologien – von der Raumfahrt bis zur Chirurgie. Die Metapher »Weltmeister« soll bedeuten: Die Amerikaner überragen derzeit alle anderen Konkurrenten, auch wenn manche von ihnen ebenfalls vielerlei Spitzenleistungen hervorbringen. Was jedoch die Diplomatie angeht, wäre das Wort Weltmeister – spätestens seit dem Zusammenbruch der Sowjetunion – eine schwere Übertreibung.

Die Außenpolitik der USA ist heute einerseits sehr viel weniger eindeutig und vorhersehbar als zur Zeit von Hitlers Imperialismus und während des Zweiten Weltkriegs oder als in den langen Jahrzehnten des Kalten Kriegs mit der Sowjetunion. Andererseits bedient sich die amerikanische Außenpolitik heute nicht mehr allein diplomatischer und militärischer Mittel; sie besitzt – weit über die Reichweite ihrer militärischen Bündnis- und Beistandssysteme hinaus – zum Teil mittels Instrumentalisierung der Weltbank, des Weltwährungsfonds und der Welthandelsorganisation, zum Teil im Zusammenwirken mit der amerikanischen Rüstungsindustrie und mit amerikanischen Finanzkonzernen ein umfassendes strategisches Instrumentarium, das es in dieser Form bisher nicht gegeben hat. Die Zielvorstellungen dieser Strategie schwanken jedoch beträchtlich, besonders im Verhältnis zu Rußland und China, aber seit der Schaffung der gemeinsamen europäischen Euro-Währung und seit dem Kosovo-Konflikt auch gegenüber Europa.

So hat Washington zu Anfang der neunziger Jahre Moskau eine *partnership for peace* angetragen, alsbald aber die Aufnahme Polens, Ungarns und Tschechiens in die NATO betrieben und im Ergebnis das NATO-Territorium um viele hundert Kilometer näher an Rußland herangeschoben. Gemeinsam mit Rußland und den Nachfolgestaaten der Sowjetunion erfolgte 1992 der Ausbau der auf der Helsinki-Erklärung von 1975 beruhenden Organisation für Sicherheit und Zusammenarbeit in Europa (OSZE). 1997 kam zwischen Rußland und der NATO die »Grundakte« über ihre gegenseitigen Beziehungen und eine neue Form der Zusammenarbeit zustande. Aber schon weniger als zwei Jahre später setzten sich die USA – und mit ihnen die NATO – im Falle Kosovo über alle erklärten Prinzipien der Zusammenarbeit mit Rußland hinweg; der »Ständige Gemeinsame NATO-Rußland-Rat« wurde nicht genutzt; als die Russen sich im Sicherheitsrat der UN sträubten, ging man über den Sicherheitsrat hinweg. Schon wenige Wochen später brauchte man Rußland dann aber doch, um Milosevic zu bewegen.

Im gleichen Sommer 1999 erwog die amerikanische Regierung erstmals öffentlich, den amerikanisch-russischen ABM-Vertrag *(Anti Ballistic Missile)* über die zahlenmäßige Begrenzung der zur Abwehr feindlicher Flugkörper bestimmten Raketen zu kündigen beziehungsweise zu verletzen. Die gleichzeitig erteilten amerikanisch inspirierten ökonomischen Ratschläge an die Adresse Moskaus erwiesen sich als grobe Fehlschläge; ein großer Beistandskredit des IMF war im Ergebnis ein gutes Geschäft für amerikanische und andere westliche Kreditgeber, nicht aber eine Hilfe für das russische Volk. Mit einem Wort: Es ist im Jahre 2000 keine zusammenhängende amerikanische Politik gegenüber Rußland erkennbar.

Das gleiche gilt gegenüber China: Amerikanische Avancen und Drohungen wechseln sich ab. Wenn es gegenüber den beiden Weltmächten China und Rußland dabei bleiben sollte, können daraus nur Argwohn und Mißtrauen entstehen – und Schlimmeres, nämlich daß sich beide auf einen denkbar werdenden Zusammenstoß vorbereiten.

Man kann für die nächsten Jahrzehnte eine ernste Spannung zwischen den USA und China nicht ausschließen, sei es über einen Konflikt zwischen Taiwan und der sechzigmal so volkreichen Volksrepublik China, sei es über zentralasiatische Konflikte, sei es über Menschenrechte. Man kann auch eine ernste Spannung zwischen den USA und Rußland nicht ausschließen, sei es über Anti-Raketen-Rüstung und (Nicht-)Abrüstung, sei es über innerstaatliche oder grenzüberschreitende bewaffnete Konflikte der Russen, sei es über Zentralasien oder über Öl und Erdgas und die Trassierung neuer Rohrleitungen.

Der wichtigste Grund für die bedenkliche Diskontinuität amerikanischer Strategie liegt im außenpolitischen Desinteresse der großen Mehrheit der amerikanischen Politiker – und ihrer Wähler. Man glaubt, im Kalten Krieg die Sowjetunion besiegt zu haben, und meint sich nunmehr auf das eigene Land und das eigene Geschäft beschränken zu können. Früher hat es in beiden amerikanischen Parteien eine größere Zahl außenpolitisch informierter, urteilskräftiger Abgeordneter und Senatoren gegeben, dazu – vor allem an der Ostküste – eine breitgestaffelte Elite von außenpolitisch erfahrenen Journalisten, Hochschullehrern, Bankiers und Anwälten, die als Patrioten jeder Administration für hohe Funktionen zur Verfügung standen. Heute dagegen herrscht außenpolitische Abstinenz – und auch Ignoranz. Gleichzeitig breitet sich in Teilen der amerikanischen Nation und ihrer politischen Klasse ein virulentes Sendungsbewußtsein aus.

In dieser Lage kann eine Handvoll strategisch engagierter Personen, die sich die Aufgabe gestellt haben, die USA langfristig als einzige Supermacht oder als unverzichtbare Supermacht zu etablieren, einen unverhältnismäßig großen Einfluß ausüben. So kommt es zur Vorstellung, Amerika habe die Aufgabe, »den eurasischen Kontinent« zu kontrollieren. Die reichlich bombastische Ausrufung der »neuen NATO« in Washington im Frühjahr 1999 läßt die Richtung ahnen. Das dort von den Staats- und Regierungschefs der Mitgliedsstaaten der Allianz verabschiedete Kommuniqué und das »neue strategische Konzept« gehen weit über den Text des der NATO zugrunde liegenden Nordatlantik-Vertrages und weit über dessen eindeutige territoriale Begrenzung hinaus.

Man kann im übrigen die Frage stellen, ob diese Supermacht-Zurschaustellung auch inszeniert worden wäre, wenn nicht eine schwere innenpolitische Krise einschließlich einer drohenden Amtsenthebung des Präsidenten es diesem hätte nützlich erscheinen lassen, seine volle Handlungsfähigkeit auf einem Felde zu demonstrieren, auf dem die Opposition ihm nicht in die Parade fahren konnte; die gleiche Frage gilt für die Kosovo-Intervention.

Anders als der ratifizierte Nordatlantik-Vertrag ist das Washingtoner Papier des Jahres 1999 völkerrechtlich nicht verbindlich. Wohl aber enthält es politische Absichtserklärungen von unbestimmter, ganz undeutlicher Tragweite. Die amerikanische Hegemonie hat erheblichen Spielraum für ihre Interpretationen gewonnen. Da es eine gemeinsame Außen- und Sicherheitspolitik der europäischen NATO-Partner vorerst nicht geben wird, hängt es überwiegend von den entscheidenden Personen innerhalb des Washingtoner Kräftespiels ab, wieweit das Nordatlantische Bündnis in ein Instrument globaler amerikanischer Politik verwandelt wird.

Die USA sind im Begriff, ihre für die europäischen NATO-Partner einst höchst wohltuende Schutzfunktion gegenüber einer damals aggressiv gerüsteten Sowjetunion umzuwandeln in einen weniger wohltuenden Hegemonialanspruch für Konfliktfälle gegenüber einstweilen unbestimmten zukünftigen Gegnern. Daraus kann sich im Einzelfall eine prekäre Situation für Europa ergeben. Es sind Fälle denkbar, in denen dieser oder jener der europäischen NATO-Staaten weder ein eigenes noch ein gemeinschaftliches Interesse an einer Konfliktbeteiligung erkennen kann. Daraus können Zerwürfnisse entstehen, die den Zusammenhalt des Nordatlantischen Bündnisses wie auch der

Europäischen Union gefährden. In etwaigen Konfliktfällen wird sich England vermutlich noch auf lange Zeit nahezu bedingungslos an die Seite der USA stellen. Eine gegenüber Europa rücksichtslose amerikanische Strategie kann die Kohäsion der Europäischen Union überfordern.

Neue bewaffnete Konflikte im Nahen und im Mittleren Osten sind ebensowenig auszuschließen wie Konflikte in Südasien oder in Mittelamerika. In vielen solcher Fälle werden die USA Partei ergreifen und Bündnistreue ihrer europäischen NATO-Partner einfordern. Dies kann auch in Konflikten Amerikas mit den von Washington als Schurkenstaaten (*rogue states*, neuerdings *states of concern*) bezeichneten Ländern eintreten. In zunehmendem Maße wird sich dabei der Einfluß der weltweit tätigen amerikanischen Medienkonzerne bemerkbar machen.

Die gegenwärtige Phase einer weltweiten amerikanischen Dominanz wird aber nicht für alle Zeiten andauern. Weder Rußland noch China können die USA als Hegemonialmacht akzeptieren, es kann sie auch niemand dazu zwingen. Die Regierungen Frankreichs, Deutschlands, Spaniens und anderer europäischer Staaten fühlen sich heute schon herausgefordert. Indien als aufsteigende Weltmacht wird sich schwerlich amerikanischer Führung anvertrauen. Ob bei einer heute denkbar gewordenen Annäherung zwischen den beiden koreanischen Staaten die massive militärische Präsenz der USA im Fernen Osten weiterhin gerechtfertigt werden kann, bleibt fragwürdig.

Die politische Klasse der USA ist sich des bevorstehenden Rückgangs der amerikanischen Vorherrschaft noch nicht recht bewußt. Noch erscheint in der öffentlichen Meinung des Landes das Selbstverständnis als alleinige Führungsmacht der ganzen Welt ungebrochen, die weltweite Dominanz wird als ganz natürlich empfunden. Von solchen Vorstellungen Abschied nehmen zu müssen, könnte ein für die Amerikaner – und für andere – nicht schmerzfreier Prozeß werden, der möglicherweise Bestrebungen zur Kompensation auf anderen Gebieten auslöst. Jedenfalls wird die Vorstellung der Amerikaner von ihrer eigenen Rolle in der Welt einen bestimmenden Einfluß auf das weitere Weltgeschehen haben.

Die gegenwärtige Dominanz der Amerikaner erweist sich nicht nur auf politischem, ökonomischem und militärischem Gebiet. Amerikas Allgegenwart erleben wir tagtäglich, sobald wir das Fernsehen einschalten, ins Internet gehen oder uns zu einem Kinobesuch entschließen. Es ist zu befürchten, daß die täglich vierundzwanzig Stunden via Satellit über allen fünf Erdteilen ausgestrahlten uniformen Bilder der globalen Unterhaltungsindustrie gewachsene Kulturen und kulturelle Identitäten allmählich überwuchern und erdrücken.

In den übervölkerten Millionenstädten der Entwicklungsländer, in denen ohnehin infolge ihres schnellen Bevölkerungswachstums die in Jahrhunderten entstandenen kulturellen Traditionen stark gefährdet sind, aber auch in den industrialisierten Demokratien erleben Hunderte von Millionen Kinder und Jugendliche mittels Fernsehen oder Video die gleichen Schießereien, Autojagden, Vergewaltigungen und Mordtaten – Gewalt in allen Formen. Die moderne Technik liefert die gleiche minderwertige Pseudokultur in jeden Erdteil für jedermann, ob von schwarzer, brauner, gelber oder weißer Hautfarbe.

Hunderte von Millionen Menschen weltweit werden unter diesem Einfluß zu einseitigen und abseitigen Vorstellungen von der Normalität des Lebens verführt, wobei Egoismus und Gewalttätigkeit eine überwältigende Rolle spielen. Die Globalisierung der Nachrichtenindustrie verstärkt derartige Wirkungen; selbst seriöse, nichtkommerzielle Fernsehanstalten geben Kriegen, Verbrechen, Naturkatastrophen oder blutigen Unfällen einen breiten Raum. Leichen, rauchende Trümmer und weinende Menschen lassen sich viel wirkungsvoller ablichten als etwa das Lebenswerk eines frisch gekürten Nobelpreisträgers.

Gegenwärtig ist das Fernsehen das eindringlichste Medium zur Beeinflussung großer Menschenmassen; in wenigen Jahrzehnten wird das Radio vollends in eine Nebenrolle abgedrängt sein. Wer sich an die Massenhypnose erinnert, die Hitler über sein Radiomonopol erzielen konnte, muß besorgt sein über die Tendenz zu privaten TV-Monopolen. Schon die Nachrichtenauswahl durch eine Fernsehanstalt, noch stärker die eine Nachricht begleitenden kurzen Kommentare können starke politische Wirkungen auslösen. Eine Fernseh-Demokratie ist der massenpsychologischen Beeinflussung weit stärker ausgesetzt als ehedem die Zeitungs-Demokratie.

Bisweilen mag es zwar ein Vorteil sein, daß die gesendeten Bilder mühelos über Staatsgrenzen hinweg in andere Staaten hineinwirken. Schon dem diktatorischen Regime Honeckers war es technisch unmöglich, den dauernden Einfluß des »West-Fernsehens« auszuschalten; in Zukunft wird es immer schwieriger werden, die Bürger eines Landes gegen elektronisch vermittelte Einflüsse von außen abzuschirmen. Insgesamt aber gibt die Entwicklung hin zur Einheitskultur der Medienkonzerne Anlaß zu tiefer Sorge.

Das hängt auch mit der Sprache zusammen. Das Internet, dessen Auswirkungen heute noch nicht recht einzuschätzen sind, wird zumindest eine durch die Globalisierung bereits klar erkennbar gewordene Tendenz weiterhin verstärken, nämlich den weltweiten Siegeszug der englischen Sprache – genauer gesagt: des amerikanischen Englisch. Wir gehen seiner weltweiten Dominanz entgegen. Diese Entwicklung hat den Vorteil, daß internationale Gespräche außerordentlich erleichtert werden, seien es die Kurztelefonate zwischen zwei Devisenhändlern mit verschiedener Muttersprache, seien es diplomatische Verhandlungen, sei es die alltägliche Verständigung innerhalb einer international bunt zusammengesetzten Blauhelm-Truppe der Vereinten Nationen oder innerhalb eines multinationalen Konzerns.

Die Nachteile liegen auf der Hand. Nicht nur verantwortungsbewußte Lehrer, Professoren, Schriftsteller und Politiker sind besorgt, daß die eigene Sprache zurückgedrängt, korrumpiert und damit ein unerläßlich wichtiges Element der nationalen kulturellen Tradition beschädigt wird. In Europa erweisen sich die Franzosen und die skandinavischen Völker als besonders engagiert bei der Verteidigung ihrer nationalen Sprache und Kultur. In den aus der sowjetischen Umklammerung befreiten Völkern wird die Wiederherstellung eines breiten kulturellen Nationalbewußtseins als notwendige Bedingung gesehen für den Erfolg im Aufbau einer offenen Gesellschaft und eines demokratischen Staates.

Wenngleich auf manchen Gebieten innerhalb der EU das Englische (Amerikanische) dominieren wird, so dürfte gleichwohl ein Versuch, das Englische zur einzigen offiziellen Sprache der Europäischen Union zu machen, entschiedene nationale Widerstände provozieren und den Zusammenhalt der EU gefährden. Es ist eher umgekehrt denkbar, daß die in der EU vereinigten Völker sich mehrheitlich – jedenfalls mit der Ausnahme Englands – gegen eine Überflutung mit amerikanischer Trivialkultur zur Wehr setzen; dafür sind starke Ansätze vor allem in Frankreich erkennbar.

Coca-Cola, McDonald's, Microsoft oder CNN haben sich in Europa weitgehend durchgesetzt – so wie in großen Teilen der übrigen Welt. Es bleibt die Frage, wie weit zukünftig Hollywood und die auf Massenkonsum ausgerichtete amerikanische Unterhaltungsindustrie insgesamt die geschichtlich gewachsenen kulturellen Traditionen Europas überdecken – eine Herausforderung, die noch vor fünfzig Jahren nur von sehr wenigen gesehen wurde.

II
Herausforderungen Europas

Es ist keineswegs neu, daß nach einer geschichtlichen Zäsur Probleme auftreten, welche die alten Fragen und Konflikte absinken oder als erledigt erscheinen lassen. Dies war in Europa der Fall nach dem Westfälischen Frieden, der den Dreißigjährigen Krieg beendete; es war abermals der Fall, als nach den Napoleonischen Kriegen der Wiener Kongreß für Europa die Restauration einleitete.

Als am Ende der Epoche der beiden Weltkriege die Sowjetunion zur beherrschenden Großmacht in Europa und darüber hinaus zur Weltmacht aufstieg, während gleichzeitig die Kolonialreiche der ehemaligen Weltmächte Frankreich und England liquidiert wurden, begann nicht nur im geteilten und weitgehend zerstörten Europa, sondern fast überall auf der Welt, auch in Asien, auch in Afrika, ein neues Zeitalter im Zeichen der Bipolarität. Nur knapp fünf Jahrzehnte später, am Ende des 20. Jahrhunderts, hat sich das Bild wiederum tiefgreifend verändert. Eigentlich hat das neue Jahrhundert bereits mit jener Zäsur am Ende des vorigen begonnen, welche durch das Ende des Kalten Kriegs, durch die Implosion der Sowjetunion und durch die Öffnung Chinas gekennzeichnet ist.

Am Beginn des neuen Jahrhunderts treten für die Menschheit neuartige, krisenschwangere Probleme ins

Bewußtsein, wie sie im vorigen Kapitel skizzenhaft angedeutet wurden. Sie waren während des Kalten Kriegs zum Teil noch nicht aktuell, zum Teil hat man sie beiseite geschoben. Die neuen, bisher jedenfalls unbekannten Weltprobleme werden die Völker und die Regierenden in vielen Staaten vor Herausforderungen stellen, zu deren Bewältigung sie geistige Anstrengung, Entschlußkraft und Mut nötig haben werden.

Die von den schlimmen Erfahrungen der beiden Weltkriege und der Diktaturen noch persönlich geprägten Generationen demokratischer Führer sind überall in Europa bereits abgetreten. Sie hatten mit dem Projekt der europäischen Integration eine ungewöhnlich mutige Konsequenz aus den Erfahrungen des 20. Jahrhunderts gezogen, damit Verdun, Auschwitz und Stalingrad keine Fortsetzung und keine Wiederholung finden. Sie dachten dabei zunächst im Rahmen der westlichen Hälfte Europas und verfolgten einen doppelten Zweck: die Einbindung Deutschlands und die Schaffung einer geostrategischen Barriere gegen Stalins Imperialismus und die Ausbreitung des Kommunismus.

Das neue Jahrhundert verlangt eine weiter gespannte Zielsetzung der Europäischen Union: Nur gemeinsam werden die europäischen Nationen und ihre Staaten den globalen Herausforderungen gewachsen sein. Den heute Regierenden fällt diese Einsicht nicht ganz leicht, die öffentliche Meinung in den Staaten der EU tut sich noch schwerer. Wenn die Regierenden die zur Überwindung dieser Krise nötigen institutionellen Reformen der Europäischen Union jedoch nicht durchsetzen, wenn sie statt dessen neue Mitgliedsstaaten in größerer Zahl in die Union aufnehmen und die institutionell bedingte gegenwärtige Entscheidungsschwäche der EU dadurch dauerhaft verlängern, dann können die Chancen zur Selbstbehauptung der Europäer für längere Zeit zunichte gemacht werden. In jedem Fall würden die heute Verantwortlichen den nachfolgenden Generationen ein sehr schweres Erbe hinterlassen.

Wer ein Vierteljahrhundert vorausdenkt, der erkennt: Im Jahre 2025 werden in allen europäischen Staaten die meisten Politiker der 68er Studentengeneration längst abgetreten sein. An ihrer Stelle werden Frauen und Männer regieren, die in der Mehrzahl erst um 1968 oder später geboren wurden. Ähnlich wird die personelle Situation in den Finanzinstituten, den Medienkonzernen und in der Industrie sein, ähnlich an Schulen und Universitäten, auch in der Literatur und in der Kunst. Fast überall in der Gesellschaft werden Menschen den Ton angeben, für die Auschwitz, Stalingrad oder Hiroshima weit zurück in der Geschichte liegen. Hitler oder Stalin, Roosevelt oder Churchill werden im Jahre 2025 in die Geschichte abgesunken sein, ähnlich wie heutzutage etwa Wilhelm II. oder Poincaré. Zwar wird es Historiker, Philosophen, Lehrer, Moralisten und andere geben, die sich bemühen, ein Bewußtsein für die Geschichte lebendig zu erhalten. Aber die große Mehrzahl derjenigen, die dann den Ton angeben und Führung ausüben werden, wird sich von der Geschichte des 20. Jahrhunderts kaum noch sonderlich belastet fühlen.

Die zukünftigen Führungsgenerationen in Europa werden aller Voraussicht nach tatsächlich mit deutlich größerer innerer Freiheit agieren, als noch Charles de Gaulle oder Jean Monnet es konnten, als Adenauer oder Brandt, freier auch als noch Kohl, dem die von ihm selbst so genannte

»Gnade der späten Geburt« in Wahrheit keine Freiheit von der Last der deutschen Geschichte gewährte. Die größere Freiheit eröffnet den zukünftigen Generationen Möglichkeiten, sich zwischen alternativen Zielen und alternativen Wegen zu entscheiden. Anders als selbst noch François Mitterrand oder Margaret Thatcher könnten die nächsten Generationen größere Spielräume zur eigenen Entscheidung vorfinden.

Wenn sie richtig entscheiden, wird den nächsten Generationen eine Vollendung der Europäischen Union gelingen: die Schaffung einer mit Zustimmung der öffentlichen Meinung der Nationen nach außen handlungsfähigen Union, die im Innern die nationalen Identitäten nicht beeinträchtigt, wohl aber soziale und ökonomische Kohärenz durchgängig zustande bringt und dabei persönliche Freiheiten, Recht, Gerechtigkeit, Chancengleichheit und Demokratie aufrechterhält. Eine solche Union könnte bis tief in das 21. Jahrhundert hinein – möglicherweise für das ganze Säkulum – den Menschen des alten Kontinents Frieden geben, Frieden nach außen und innen.

Aber die Vollendung der Europäischen Union ist keineswegs gewiß. Denn schon die unmittelbar bevorstehenden institutionellen und prozeduralen Reformen der EU werden ebenso wie die alsbald bevorstehende Aufnahme weiterer Mitgliedsstaaten genügend Zündstoff für Konflikte bieten.

Wenn diese Konflikte in einigermaßen glimpflichen Kompromissen gelöst werden – und alle bisherige Erfahrung spricht dafür –, so wird damit noch lange nicht die Handlungsfähigkeit der EU nach außen erweitert. Aber auch von außen werden neue Krisen auf uns zukommen – einige der drohenden Gefahren habe ich im vorigen Kapitel beschrieben. Die eigenen nationalen Kräfte der einzelnen Staaten werden nicht ausreichen, diese globalen Gefahren abzuwehren oder den Schaden zumindest zu begrenzen. Die Völker und Staaten Europas könnten dann zu bloßen Objekten weltweiter Prozesse werden, in denen andere die Entscheidungen treffen – oder nicht treffen.

Wer verhindern will, daß wir Europäer uns im Laufe der nächsten Jahrzehnte dergestalt ausliefern, muß heute die zukünftigen Gefahren erkennen. Und er muß sie öffentlich machen. Zu diesem Zweck werden im vorliegenden Kapitel auch einige unerfreuliche Warnungen ausgesprochen.

Die notwendige Bündelung europäischer Interessen

Daß die fortschreitende Kettenreaktion der Bevölkerungsexplosion dringend der Dämpfung bedarf, werden die von massivem Wanderungsdruck bedrohten Europäer in ihrer Mehrheit wohl bald begreifen. Es wird jedoch noch einige Zeit dauern, bis tatsächlich eine wirksame Regulierung zustande kommt – wenn überhaupt. Die uns abstoßend, brutal und als Verletzung der Menschenrechte erscheinenden Begrenzungsmethoden in China und in Indien, den bei weitem volkreichsten Staaten der Welt, werden global kaum in Betracht kommen. Wohl aber könnte ein Erfolg erreicht werden, wenn die Gesamtheit derjenigen Staaten, die Entwicklungshilfe leisten, und ebenso die Weltbank und andere UN-Organisationen ihre Entwicklungshilfe in Zukunft an die Bedingung knüpfen, daß der Empfängerstaat umfassende Anstrengungen zur freiwilligen Familienplanung unternimmt. Dazu gehört, daß Frauen den gleichen Status und die gleichen Ausbildungschancen erhalten wie Männer; dazu gehören die freie Verfügbarkeit von Verhütungsmitteln und eine umfassende Aufklärung beider Geschlechter. Außerdem wäre es sinnvoll, dem Empfängerstaat als zweite Bedingung für weitere Entwicklungshilfe eine strikte Begrenzung seiner Militärausgaben und seiner Waffenimporte aufzuerlegen.

Würden nur einzelne Geberstaaten ihre Entwicklungshilfepolitik derartig umstellen, bliebe die Wirkung minimal. Wenn die Europäische Union aber als Ganze ihre Entwicklungshilfe in solcher Weise umstellen und außerdem mit gleicher Zielsetzung eine Initiative für die Weltwirtschaftsgipfel und die Vereinten Nationen ergreifen würde, könnte ihr langfristig Erfolg beschieden sein; immerhin leisten die Staaten der EU gemeinsam die bei weitem größte Entwicklungshilfe (1998 mit rund 27 Milliarden US-Dollar dreimal soviel wie die USA mit knapp neun Milliarden Dollar). Sollte die EU jedoch unfähig sein, sich eine ausreichende Handlungsfähigkeit zu verschaffen, so wird die Mehrheit der europäischen Staaten im Laufe des neuen Jahrhunderts von Zuwanderern aus Asien und Afrika überschwemmt werden.

Was die Dämpfung der Emission von Treibhausgasen angeht, gibt es deutlich mehr Fortschritte zu verzeichnen als bei der Absenkung der Fruchtbarkeitsraten. Die 1992 in Rio de Janeiro von mehr als drei Vierteln aller Staaten unterzeichnete Klima-Konvention und in ihrer Folge die 1997 in Kioto protokollierten Emissionsvorgaben für die wichtigsten Staaten sind ein bedeutsamer Anfang. Eine Serie von Konferenzen hat bisher jedoch nicht zur Ratifikation geführt, weil manche Staaten sich von den Vorgaben einseitig benachteiligt fühlen. Die USA, obwohl mit 22 Prozent der weltweiten CO_2-Emissionen der größte Verursacher, verfolgen die Tendenz, sich von Klimaschutz-Auflagen freizukaufen – im wörtlichen Sinne. Es ist abzusehen, daß die Interessenkonflikte sowohl über die zulässigen Emissionsquoten für die einzelnen Staaten als auch über mögliche Sanktionen sich noch längere Zeit fortsetzen werden. Die alten europäischen Industriestaaten werden nur in gemeinsamer Operation verhindern können, daß sie dabei ungebührlich belastet und die Giganten ungebührlich bevorteilt werden.

Es ist denkbar, daß die schon seit langem stetige Zunahme der Verbrennung von fossilen Kohlenwasserstoffen (Öl, Erdgas, Kohle und so weiter) eines Tages zu einer globalen Umorientierung der Energiepolitik zwingen könnte. Sonnenenergie und andere unbegrenzt verfügbare Energiequellen würden dann – obwohl einstweilen sehr viel teurer als die Kohlenwasserstoffe – an Bedeutung gewinnen, möglicherweise könnte es auch eine Renaissance der Kernenergie geben, zum Beispiel mittels Fusionsreaktoren. Die kleine Zahl der Öl und Gas exportierenden oder sich ausschließlich mit diesen Energieträgern selbst versorgenden Staaten hätte dann ganz andere Interessen als die große Mehrheit. Eine neu zu schaffende globale Energie-Organisation könnte dann wichtiger werden als die Welthandelsorganisation (WTO).

Aber umgekehrt ist ebensowenig auszuschließen, daß das OPEC-Kartell abermals seine Macht überzieht und durch gewaltige Preissteigerungen die auf Ölimport angewiesenen Staaten der Welt in eine ökonomische Krise stürzt. In den siebziger Jahren hat die OPEC damit eine weltweite Wirtschaftsrezession ausgelöst. Damals hat

Washington versucht, mit Hilfe einer »Lokomotiv-Theorie« die Last im wesentlichen auf Japan und Deutschland abzuwälzen. Wir sollten künstlich hohe Staatsdefizite eingehen und dadurch zusätzliche Nachfrage nach Gütern auslösen; dies sollte der Weltwirtschaft zu Aufträgen und Aufschwung verhelfen. Die Zinslast für die zusätzlichen Staatsanleihen wäre natürlich bei den Deutschen und den Japanern verblieben.

Heute könnte der erreichte Stand der wirtschaftlichen Globalisierung in einer vergleichbaren Situation ein weltweit konzertiertes Verhalten der vom Ölimport abhängigen Staaten nötig machen, das heißt eine gemeinsame Ölverbrauchs- und zugleich eine finanzielle Hilfspolitik. Möglicherweise könnte sich aus solchem Anlaß auch die Notwendigkeit einer Welt-Energiepolitik ergeben. Es liegt auf der Hand, daß die meisten Mitgliedsstaaten der EU in globalen energiepolitischen Fragen der gemeinsamen Vertretung ihrer Interessen bedürfen.

Ein gleiches gilt für die notwendige EU-weite Kanalisierung unerwünschter Zuwanderung. Auch wenn es in Asien und Afrika wider Erwarten nicht schon bald zu neuen bewaffneten Konflikten und deshalb zu neuen massiven Wanderungstendenzen kommen sollte, werden die Staaten Europas gleichwohl die Gefahr innerer psychologischer und politischer Destabilisierung erkennen und weitere Zuwanderung begrenzen müssen. Dies kann nur gelingen, wenn Regierungen und Parlamente in Europa nach gleichen Regeln und in enger Zusammenarbeit handeln; selbst nationalistische Politiker, die ansonsten der EU mit größter Zurückhaltung gegenüberstehen – ob in München, Paris oder Klagenfurt –, werden das akzeptieren.

Mit der Schaffung eines gemeinsamen europäischen Zentralbanksystems und der gemeinsamen Euro-Währung haben elf der EU-Mitgliedsstaaten am Ende des 20. Jahrhunderts einen großen Schritt in Richtung finanzwirtschaftlicher Unabhängigkeit getan. Es war nicht der erste gemeinsame währungspolitische Schritt, es darf keineswegs der letzte bleiben. Dabei ist es für die Zukunft lehrreich, die Entstehungsgeschichte des Euro zu verfolgen.

1973 wurde das 1945 in Bretton Woods (USA) begründete System fester Wechselkurse zwischen den Währungen nach dem alleinigen Willen der USA endgültig zu Grabe getragen. Mit dem Bretton-Woods-Abkommen hatte man aus der Weltwirtschaftskrise der dreißiger Jahre die Lehre gezogen, daß ein weltweit freier Handel ein weltweit stabiles Währungssystem nötig hat; dafür wurde der Weltwährungsfonds *(International Monetary Fund* – IMF) begründet, der erfolgreich ein Vierteljahrhundert lang einerseits gefährdeten Währungen mit Währungskrediten beigesprungen ist und andererseits für einvernehmliche Anpassungen der Wechselkurse einzelner Währungen durch Auf- oder Abwertungen gesorgt hat. 1973 aber wurden die Wechselkurse des US-Dollars freigegeben; die Abwertung des amerikanischen Dollars (und einiger anderer Währungen), von vielen vorausgesehen, nahm ein rasantes Tempo an. Umgekehrt begann die tendenzielle Aufwertung der Deutschen Mark (und einiger anderer europäischer Währungen). Paris und Bonn hatten gegen die Beseitigung des Bretton-Woods-Systems Widerstand geleistet, weil sie wilde Wechselkursschwankungen auf den Währungsmärkten voraussahen, die sie für gefährlich hielten. Tatsächlich hat der Wechselkurs zwischen DM und US-Dollar im Laufe von drei Jahrzehnten zwischen den beiden Extremwerten 4,00 DM und 1,38 DM je Dollar geschwankt.

Das OPEC-Kartell der Regierungen der Ölländer hat die Situation alsbald, nämlich 1973 und abermals 1980, durch unerhörte Preissteigerungen ausgenutzt. Beide Ölschocks verursachten schwere Einbrüche der gesamten Weltwirtschaft. Auch in Deutschland bekamen wir es mit einer inzwischen strukturell verfestigten Arbeitslosigkeit zu tun, in einigen anderen Staaten entwickelte sich außerdem eine bedrohliche Preisinflation.

Die Mitgliedsstaaten der Europäischen Wirtschaftsgemeinschaft haben in den siebziger Jahren gemeinsam versucht, die Wechselkurse zwischen ihren Währungen einigermaßen beieinander zu halten. 1978 ergriffen dann Paris und Bonn die Initiative zum Europäischen Währungssystem, einem verkleinerten, nur auf Europa bezogenen System fester Wechselkurse à la Bretton Woods, das über die Stabilisierung der beteiligten europäischen Währungen hinaus eine gemeinsame europäische Währung vorbereiten sollte. Diese kam schließlich als Euro zwei Jahrzehnte später zustande – notabene nach schier endlosen, zum Teil allein auf Prestigeerfolge zielenden Streitigkeiten zwischen den Mitgliedsländern.

Von den fünfzehn Mitgliedsstaaten der EU haben elf ihre Währungen und die Wechselkurse zwischen ihnen abgeschafft und durch die gemeinsame Währung Euro ersetzt. Damit ist zugleich ein großer Teil des bisherigen Außenhandels dieser Staaten Binnenhandel innerhalb des großen gemeinsamen Marktes geworden. Binnenhandel erfordert keinerlei internationale Währungstransaktionen. Vielmehr zahlt von Madrid bis Helsinki demnächst jedermann in Euro – ein großer Fortschritt.

Freilich hat der Euro einen Wechselkurs gegenüber den Währungen außerhalb des gemeinsamen Marktes. Dieser ist im Laufe der Jahre 1999 und 2000 gegenüber Dollar und Yen gefallen, manche aufgeregten Leute haben diesen Vorgang dramatisiert. Tatsächlich hat sich aber die Kaufkraft des Euro auf dem gemeinsamen Markt bisher als stabil erwiesen, stabiler als die der DM in den neunziger Jahren; die Inflationsraten der DM sind deutlich höher gewesen. Weil die OPEC am Ende der neunziger Jahre ihre Kartelldisziplin (vorübergehend) zurückgewonnen und den Ölpreis gewaltig in die Höhe getrieben hat, haben sich zwar im Durchschnitt die Importpreise des gemeinsamen Marktes erhöht, aber insgesamt hat der niedrigere Wechselkurs des Euro bisher keine sonderliche Preissteigerung bewirkt. Umgekehrt jedoch hat er zu einer Ausweitung der europäischen Exporte in Länder außerhalb des gemeinsamen Marktes geführt und damit einen weitreichenden konjunkturellen Aufschwung und höhere Wachstumsraten in Europa ausgelöst. Man braucht sich um die Zukunft des Euro keine allzu großen Sorgen zu machen, jedenfalls nicht größere als die Amerikaner um die Zukunft des Dollars.

Auf dem Gebiet der Währungs- und Finanzpolitik und im Hinblick auf die notwendige Reform der weltweiten Finanzarchitektur gibt es nationalistische Politiker, welche die nötige Gemeinsamkeit der Europäer keineswegs akzeptieren. Der Einfluß der Nationalisten auf die deutsche oder die französische Währungs- und Finanzpolitik hat seit dem Maastrichter Vertrag jedoch deutlich abgenommen. Nur in England lehnen starke politische Kräfte – einschließlich zahlreicher Massenmedien – eine gemeinsame Währungs-

und Finanzpolitik der EU immer noch ab, weil sie unvereinbar sei mit der Souveränität des englischen Parlaments.

Diese Haltung hat einen beträchtlichen Rückhalt in der gefühlsmäßigen Ablehnung der EU durch breite Kreise der englischen Nation. Dagegen votieren britische Industrielle und Finanzmanager aus rationaler Interessenabwägung zunehmend für eine aktive Beteiligung Englands. Es wird mindestens über die erste Wahlperiode der Regierung Blair hinaus dauern, bis London eine eindeutige Entscheidung trifft. Möglicherweise kommt es auch dann nur zu einem zweideutigen Ergebnis und de facto eher zu einem engeren Zusammenwirken mit Washington als mit der EU.

Wenngleich London auf absehbare Jahrzehnte einer der wichtigsten Finanzplätze der Welt bleiben wird, so werden doch mindestens die (bisher) elf EU-Staaten, die ihre eigene Währung zugunsten des gemeinsamen Euro aufgegeben und sich das gemeinsame Europäische Zentralbanksystem geschaffen haben, im Interesse der Stabilität und Solidität ihrer eigenen Wirtschaft dafür plädieren, notfalls auch ohne englische Beteiligung auf eine bessere Ordnung und Aufsicht auf den globalen Finanzmärkten zu drängen. Wenn es zu einem internationalen *crash* kommen sollte, wird diese Notwendigkeit schnell auch einem breiten Publikum in Europa bewußt werden.

Die Welt hat sich seit Bretton Woods gewaltig verändert. Diesmal werden nicht ein Engländer – und sei es ein zweiter John Maynard Keynes – und ein Amerikaner gemeinsam maßgeblich die neue globale Finanzordnung schaffen, sondern die Europäer, die Japaner, vermutlich auch die Chinesen und andere werden mitzureden und mitzuentscheiden haben. Man darf hoffen, daß die EU sich rechtzeitig vorbereitet und handlungsfähig machen kann; positive Ansätze sind erkennbar.

Was die Ordnung auf den Weltmärkten der Güter und Leistungen betrifft, ist das Bewußtsein der Gefährdung eines fairen Wettbewerbs bisher weit weniger ausgeprägt. Nationale Monopol- und Kartellaufsichtsbehörden, wie sie zum Beispiel in den USA, in Deutschland und neuerdings (seit Karel van Miert) auch in der Europäischen Union tätig sind, haben gegenüber weltweit verzweigten multinationalen Konzernen keine ausreichenden Möglichkeiten und Instrumente, um Mißbrauch zu erkennen, zu ahnden und zu verhindern. Das OPEC-Kartell allein wäre Grund genug, den Versuch zu einer globalen Wettbewerbsordnung zu machen.

Eine ungebremste Ausbreitung der an *shareholder value* orientierten und auf Weltmarktbeherrschung zielenden multinational operierenden Konzerne kann zur politischen Beherrschung kleinerer Staaten, aber auch zur Unterminierung des europäischen Prinzips des Wohlfahrtsstaates führen. Hier entwickelt sich auf nicht allzu lange Sicht eine gefährliche Herausforderung, der die europäischen Staaten als einzelne nicht gewachsen sein können.

Statt dessen bedarf es einer handlungsfähigen Europäischen Union, wenn wir Europäer unsere demokratischen Interessen behaupten wollen.

Es gibt zwei Beispiele, nämlich den Airbus und die Europäische Raumfahrt-Agentur (ESA), wo weit vorausschauende Initiativen einiger europäischer Regierungen und gute Zusammenarbeit mit teils staatlichen, teils privaten großindustriellen Unternehmen die Entstehung privater Weltmonopole verhindert haben. Immerhin hat es beide Male umfangreicher staatlicher Finanzhilfen bedurft. Das war vorher bei der amerikanischen NASA und bei Boeing nicht anders gewesen. Alle vier Beispiele zeigen: Grundlagenforschung, anwendungsorientierte Forschung und industrielle Entwicklung sind auf den Gebieten moderner, kapitalintensiver Großtechnologie nicht ohne staatliche Finanzhilfe möglich. Airbus und ESA zeigen: Wenn die europäischen Staaten sich unter Verzicht auf nationale Prestigebedürfnisse gemeinsam anstrengen, können sie tatsächlich Spitzentechnologie hervorbringen und voll wettbewerbsfähig auf den Weltmärkten anbieten und verkaufen.

ESA und Airbus haben direkt und in den zuliefernden Unternehmen indirekt Zigtausende neuer, moderner Arbeitsplätze geschaffen, sie tragen erheblich zum Sozialprodukt und zum Wohlstand bei. Für die Zukunft müssen wir daraus lernen: Viele der dringend benötigten neuen Arbeitsplätze können sich aus modernster, großzügig finanzierter Forschung und Entwicklung ergeben. Selbst die größeren Mitgliedsstaaten der EU sind in ihren Kapazitäten jedoch zu begrenzt, um als nationale Aggregate mit den enormen Aggregaten der USA und Japans – und später Chinas – Schritt halten zu können. Die kooperative Bündelung ihrer Anstrengungen liegt im gemeinsamen Interesse der Europäer.

Auf dem Gebiet der Rüstungsbegrenzung und der Begrenzung von Rüstungsexporten hingegen sind die Interessen der Mitgliedsstaaten der EU vorerst nur schwer in Übereinstimmung zu bringen. Frankreich und England verfügen als einzige über nukleare Waffensysteme; keiner von ihnen wird den Rang eines Nuklearstaates aufgeben, der mit ihrem Status als Siegermacht des Zweiten Weltkriegs zusammenhängt. Beide besitzen außerdem beträchtliche Rüstungsindustrien. Weil deren Exporte fühlbar zu ihrem Sozialprodukt, zu Beschäftigung und Wohlstand beitragen, werden sie einer allgemeinen Begrenzung von Rüstungsexporten nicht leicht zustimmen. Nur in einem Punkt stimmen die Interessen aller EU-Staaten völlig überein: daß die Ausbreitung nuklearer Waffen verhindert werden muß und daß qualitativ neue nukleare Rüstungsanstrengungen der heutigen Nuklearstaaten vermieden werden sollen.

Letzteres gilt zum Beispiel für die amerikanischen Pläne zur Errichtung einer sogenannten Nationalen Raketenabwehr *(National Missile Defense*, NMD), deren Verwirklichung zumindest in China und in Rußland zwangsläufig zusätzliche nukleare Rüstungsanstrengungen auslösen würde. Ob die EU gegenüber Washington eine wirkungsvolle Ablehnung des NMD-Projektes zustande bringen kann, bleibt allerdings fraglich. Ein einzelner EU-Mitgliedsstaat wird amerikanische nuklear-strategische Entscheidungen niemals wirksam beeinflussen können. Auch der NATO-Doppelbeschluß kam gegen hartnäckigen amerikanischen Widerstand 1979 nur deshalb zustande, weil Frankreich, England und Deutschland gemeinsam die Interessen des von neuen sowjetischen Mittelstreckenraketen (SS 20) bedrohten Westeuropa vertreten haben.

Was die Ausrüstung ihrer eigenen Streitkräfte angeht, haben die meisten europäischen Regierungen ein Interesse daran, sich vom Import amerikanischer Systeme unabhängig zu machen. Deshalb ist zu erwarten, daß sie versuchen werden, für Panzer, Kampf- und Transportflugzeuge, Hubschrauber, Aufklärungssatelliten und so weiter zu gemeinsamen Entwicklungen und Produktionen zu gelangen. Dem stehen zum Teil nationale Prestigeinteressen im Wege, zum Teil auch die unterschiedlichen Interessen der in privaten Händen befindlichen Rüstungskonzerne.

Allerdings sind auf diesem Gebiet in den letzten Jahren erhebliche Fortschritte erzielt worden. Die teilweise demütigenden Erfahrungen mit der dominierenden militärischen Technologie der USA, welche die europäischen Regierungen 1999 im Kosovo-Krieg machen mußten, werden die Tendenz zu gemeinsamer Entwicklung von militärischen Waffen und Geräten vermutlich verstärken. Auch hier gilt: Nur gemeinsam können die Europäer der Abhängigkeit von amerikanischen Monopolen entgehen.

Divergierende Sicherheitsinteressen gegenüber Amerika

Am größten ist die Abhängigkeit der Europäer von Amerika auf militärischem Gebiet. Dies ist eine zwangsläufige Folge der weltpolitischen Entwicklung seit 1945, vor allem der lange andauernden amerikanisch-sowjetischen Bipolarität. Nach deren Ende haben die westeuropäischen NATO-Staaten noch einige Jahre gebraucht, bis sie zu der Erkenntnis gelangten, als Europäische Union tatsächlich eine eigene, gemeinsame Außen- und Sicherheitspolitik nötig zu haben, und weitere Zeit, bis sie sich entschlossen, diese institutionell vorzubereiten und sich konkrete Ziele für Aufstellung und Ausrüstung gemeinsamer mobiler Verbände zu setzen. Die Erfahrungen, welche die europäischen Regierungen im Kosovo-Krieg des Jahres 1999 machten, haben dabei eine wichtige Rolle gespielt.

Wer als Europäer die geographische Reichweite einer

gemeinsamen Außen- und Sicherheitspolitik der EU sich vorzustellen unternimmt, wird schnell zu dem Ergebnis gelangen, daß die ökonomischen Interessen der europäischen Völker und Staaten sich nicht begrenzen lassen. Sie schließen Japan und Korea genauso ein wie China, Südostasien, Rußland, die USA und Kanada, den ganzen Mittleren Osten, Afrika und – die lateinamerikanischen Schuldenkrisen haben es drastisch gezeigt – ebenso Südamerika. Schon deswegen sind die außenpolitischen Interessen der EU weltweit. Dagegen sind die sicherheitspolitischen Interessen der EU, die es notfalls durch militärische Streitkräfte zu verteidigen gilt, geographisch deutlich begrenzt; nur in Einzelfällen werden Vorgänge in weit entfernten Gegenden der Welt unsere Sicherheitsinteressen berühren.

Bis zum Zerfall der Sowjetunion haben sowohl die demokratischen Regierungen Westeuropas als auch die kommunistischen Regierungen im Osten Europas sich in ihrer Mehrheit den eventuellen Einsatz ihrer Armeen allein auf Europa beschränkt vorgestellt; die Regierungen Englands, Frankreichs und der Sowjetunion waren die Ausnahmen.

Seit im Frühjahr 1999 in Washington die »neue NATO« ausgerufen wurde, haben die meisten Mitgliedsstaaten der NATO und der EU – weitgehend unter amerikanischem Einfluß – damit begonnen, einen eventuellen Einsatz ihrer Soldaten auch außerhalb der im Nordatlantik-Vertrag in Artikel 6 genau definierten geographischen Territorien für möglich oder sogar für geboten zu halten. Man kann sich in der Tat ein einvernehmliches Eingreifen der Bündnis- oder der EU-Partner in einem fremden bewaffneten Konflikt innerhalb Europas gut vorstellen, falls dieser, und sei es nur indirekt oder mittelbar, einen oder mehrere der Partnerstaaten gefährdet. Auch ein präventiver militärischer Einsatz in einem solchen Falle erscheint heute denkbar.

Jede demokratisch verantwortliche europäische Regierung würde jedoch außerordentliche Hemmungen überwinden müssen, wenn sie in anderen Erdteilen das Leben ihrer Soldaten riskieren wollte. In den europäischen Völkern würde die öffentliche Meinung nur sehr schwer dafür gewonnen werden können, das Land und seine Streitkräfte in fremde Konflikte zu verwickeln. Die Bürger Europas blicken zunächst auf ihren eigenen Kontinent, und hier vornehmlich auf die Spannungen zwischen den souveränen Staaten, welche auf dem Boden der ehemaligen Sowjetunion nach 1990 entstanden sind, und auf die Balkan-Halbinsel, jedoch schon kaum mehr auf den Mittleren Osten – trotz Abhängigkeit vom dortigen Öl – oder auf noch viel weiter entfernte Regionen. Dies gilt auch für die Polen, die Ungarn und die Tschechen, die es kaum verstehen, daß sie nach Beendigung des Kalten Krieges und nach ihrem NATO-Beitritt ihre militärischen Anstrengungen verstärken sollen.

Obwohl es heutzutage – nach Korea, Vietnam und Irak – sogar für einen amerikanischen Präsidenten schwierig ist, den Einsatz amerikanischer Soldaten in fernen Weltgegenden zu begründen (in Somalia lösten wenige Gefallene bereits den amerikanischen Rückzug aus), werden die USA eher als ihre europäischen Partner zu militärischem Eingreifen bereit sein, vornehmlich in Fällen, in denen sie davon ausgehen können, bei relativ geringem eigenen Risiko mit Hilfe ihrer Distanzwaffen (Flugzeuge, Flugkörper oder Raketen) zum Erfolg zu gelangen.

Die Sicherheitsinteressen der USA sind viel weiter

gespannt als diejenigen der europäischen Staaten. Sie sind nicht prinzipiell identisch. Es können Fälle eintreten, in denen eine amerikanische Regierung zu einer militärischen Intervention unter ihrem Kommando drängt, während die Mehrheit der europäischen Regierungen sich und ihre Streitkräfte zurückhalten möchte. Solche Gegensätze zu vermeiden erfordert auf allen Seiten kluge Voraussicht, enge laufende Kontakte zwischen den politischen und militärischen Führungen und eine wohlüberlegte Informationspolitik, insbesondere gegenüber den Fernsehanstalten. Jeder neue Kosovo-Fall oder jeder neue Irak-Fall irgendwo auf der Welt kann zu einer Herausforderung Europas werden – zugleich aber auch zu einer Herausforderung der Solidarität der Europäer untereinander und der Europäer mit den USA.

Unter diesen Aspekten sind die Balkan-Konflikte des letzten Jahrzehnts höchst aufschlußreich. Sie lassen darüber hinaus den Mangel an geschichtlicher Bildung und spezifischen Kenntnissen der ethnischen, religiösen und sprachlichen Strukturen erkennen, der auf westeuropäischer wie amerikanischer Seite einem naiven Optimismus Vorschub geleistet hat. Deshalb scheint hier ein Exkurs angebracht.

Die Geschichte der balkanischen Völker und ihrer Staaten im Mittelalter war kompliziert und wechselvoll. Zeitweilig spielte das byzantinische Reich eine überragende Rolle – daher die griechisch-orthodoxe Religion und die kyrillische Schrift in weiten Teilen; zeitweilig reichte das Bulgarische Reich vom Schwarzen Meer bis zur Adria. Gegen Ende des Mittelalters haben die Osmanen fast die ganze Balkan-

Halbinsel überrannt. Zweimal haben sie auf dem Amselfeld (heute Kosovo) die Serben besiegt, sie haben Serbien, Byzanz, Bulgarien, Griechenland und große Teile Ungarns erobert, zweimal – 1529 und 1683 – sind sie bis vor die Tore Wiens gelangt.

Über vier Jahrhunderte haben sich das Habsburger und das Osmanische Reich die Herrschaft über den Balkan (einschließlich Griechenlands) geteilt; die ungarische »Militärgrenze«, die in West-Ost-Richtung zeitweilig quer über die Balkan-Halbinsel verlief, symbolisierte diese Aufteilung der Herrschafts- und Einflußbereiche. Zumal im südlichen, das heißt türkischen Teil hat es unzählige nationale Aufstände gegeben; dazu kamen mehrere türkisch-russische Kriege. Im Laufe des 18. Jahrhunderts haben die Habsburger und die Russen langsam die Türken zurückgedrängt; seitdem erscheinen die Russen den Balkan-Slawen zunehmend als Befreier.

Im 19. Jahrhundert begann der allmähliche Verfall der Macht der türkischen Sultane. Als erste erreichten 1827/1830 die Griechen ihre Unabhängigkeit; die griechisch-türkische Feindschaft jedoch blieb erhalten. 1878 sind auf dem Berliner Kongreß auch Rumänien, Serbien und Montenegro als unabhängige Staaten in neu definierten Grenzen etabliert worden. Zugleich hat der russische Einfluß auf dem Balkan sich ausgeweitet, Österreich hat seine Macht auf Bosnien und die Herzegowina ausgedehnt. In zwei Balkankriegen kämpfte 1912 und 1913 noch beinahe jeder gegen jeden. Der Ausgang des Ersten Weltkriegs erledigte dann Macht und Einfluß sowohl der Türkei als auch Rußlands, Österreich-Ungarns, Italiens und Deutschlands. 1919 schien sich zum ersten Mal seit Jahrhunderten eine echte Chance zur Selbstbestimmung für die Völker der Balkan-Halbinsel zu ergeben.

Diese theoretische Möglichkeit wurde jedoch nicht genutzt. Das lag nicht allein daran, daß die Pariser Vorort-Verträge ab 1919 durch oktroyierte Grenzziehungen einerseits die Siegerstaaten Serbien, Rumänien und Griechenland begünstigten und andererseits die Verliererstaaten Ungarn (das mehr als zwei Drittel seines vormaligen Staatsgebietes verlor), Österreich und Bulgarien benachteiligten. Das entscheidende Hemmnis für eine Verwirklichung des von Woodrow Wilson 1918 feierlich proklamierten Selbstbestimmungsrechtes war vielmehr die teilweise bizarre Gemengelage jener Dörfer und Wohngebiete, in denen Angehörige verschiedener Nationen und ethnischer Gruppen, nationaler und religiöser Minderheiten eng nebeneinander lebten.

Sie alle hatten sich leidlich miteinander vertragen, solange ein mächtiger Staat sie mit eiserner Hand regierte. Jetzt explodierten die Erinnerungen an Vergewaltigungen und blutige Gewalttaten oft genug in neuer Gewalt und abermaliger Mordbrennerei. Die jeweilige Erziehung und Propaganda trug – und trägt noch heute – scharfmacherisch dazu bei. Die »multikulturellen« Staaten und Gesellschaften erwiesen sich nur unter der Bedingung einer rücksichtslosen Regierung und Polizei als friedlich und lebensfähig. Deshalb haben fast alle Balkanstaaten sich bald nach dem Ersten Weltkrieg als Diktaturen etabliert. Dabei ist es dann abermals nach 1945 geblieben, nur daß nunmehr – mit Ausnahme der Türkei, Griechenlands und Jugoslawiens – die Diktatoren der sowjetischen Oberherrschaft in Moskau unterworfen waren.

Titos kommunistische »Volksrepublik Jugoslawien« war kein sowjetischer Vasallenstaat, aber auch Tito konnte den inneren Frieden und den Zusammenhalt dieses Vielvölker-Gemischs nur mit Druck von oben aufrechterhalten. Schon in dem 1919 geschaffenen Kunststaat »Königreich der Serben, Kroaten und Slowenen« hatten fünfzehn verschiedene Nationalitäten gelebt. Als Tito 1980 starb, rechneten die Regierungen in Westeuropa damit, daß Jugoslawien spätestens binnen zehn Jahren in blutigen Kämpfen auseinanderbrechen und daß dann die Sowjetunion mit Hilfe ihres Warschauer Paktes und seiner in Ungarn, Rumänien und Bulgarien stationierten Streitkräfte eingreifen würde. Tatsächlich hat der blutige Zerfall des Vielvölkerstaates in eine Reihe souveräner Staaten elf Jahre nach Titos Tod begonnen; aber nicht die Sowjetunion (oder Rußland), sondern die NATO hat militärisch interveniert.

Wer sich die von einem amerikanischen Diplomaten 1995 in Dayton/Ohio ausgehandelte Aufteilung der ehemaligen jugoslawischen Teilrepublik, nunmehr angeblich souveränen Republik Bosnien-Herzegowina, in zwei kleinere Teilrepubliken (die eine mehrheitlich bosnisch, das heißt islamisch, die andere mehrheitlich serbisch, das heißt griechisch-orthodox) mit ihren ineinander verschlungenen skurrilen Grenzlinien auch nur auf einer detaillierten Landkarte anschaut; wer die Verwaltungspolitik der beiden De-facto-Protektorate durch von den UN ernannte Gouverneure verfolgt, die, gestützt auf die Anwesenheit von zigtausend westlichen Soldaten, mit großer Selbstverständlichkeit, zum Teil selbstherrlich in die Administration der beiden Teilrepubliken eingreifen; wer in Betracht zieht, daß über eine Million Menschen ins Ausland geflüchtet (viele von ihnen sind inzwischen wieder zurückgekehrt) und eine weitere Million als Binnenflüchtlinge im Lande verblieben sind, von denen die Mehrzahl aus Angst vor Gewalt nicht wagt, in ihre jeweiligen Heimatorte zurückzukehren – wer das bedenkt, wird die Alternative schnell erkennen: Entweder muß die Dayton-Lösung für Bosnien-Herzegowina auf Dauer mit Hilfe fremder militärischer Macht aufrechterhalten werden, oder Haß, Rachebedürfnis und Verhetzung werden abermals zu blutigen Gewalttaten zwischen Bosniaken, Serben und Kroaten führen und darüber hinaus zu dem Versuch, mindestens die serbische Teilrepublik Srpska mit militärischer Gewalt von Bosnien-Herzegowina abzutrennen und mit Serbien zu vereinigen.

Die düstere Situation Bosnien-Herzegowinas, die unübersichtliche, komplizierte Gemengelage von mehreren Ethnien, Religionen und Sprachen, ist exemplarisch für die Situation in vielen anderen Teilen des Balkans, so für das östliche Kroatien, für die ehemals autonomen serbischen Provinzen Vojvodina und Kosovo, für Mazedonien und so weiter.

Während sich die Intervention im Staate Bosnien-Herzegowina auf einen Beschluß des UN-Sicherheitsrates stützte, waren die 1999 in Gang gesetzte militärische Intervention der NATO in der jugoslawischen Provinz Kosovo und die Luftangriffe gegen Serbien nicht von einem Beschluß gemäß der UN-Charta gedeckt; sie könnten völkerrechtlich bestenfalls als Nothilfe in einem »übergesetzlichen Notstand« gerechtfertigt werden. Die Intervention im Falle des Kosovo verspricht ebensowenig dauerhaften Erfolg wie die im Falle Bosnien.

Bestenfalls entstehen auf diese Weise weitere westliche

Protektorate auf dem Balkan, teils in einer von den Vereinten Nationen sanktionierten rechtlichen Gestalt, teils nur de facto. Es sind aber auch schlimmere Entwicklungen denkbar. Wenn nämlich eine Drohung mit Luftangriffen und der anschließende Einsatz von Distanzwaffen – Flugzeugen, Raketen und Marschflugkörpern – nicht zum Erfolg führen und deshalb auf dem Boden kämpfende Truppen eingesetzt werden, wenn dann eigene Kriegsopfer zu beklagen sein werden, wenn dann per Fernsehen alle Schrecknisse des Krieges in den privaten Wohnzimmern zur Schau gestellt werden, dann könnte die öffentliche Meinung – und damit die Kriegsbereitschaft – in den kriegführenden westlichen Staaten schnell umschlagen.

Es gibt gleichwohl, vor allem in den USA, eine Tendenz, die Kosovo-Intervention als Vorbild für künftige militärische Interventionen zur Verteidigung der grundlegenden Menschenrechte anzusehen und auf diese Weise die UN-Charta und das Prinzip der Unverletzlichkeit der Grenzen souveräner Staaten beiseite zu schieben. Dabei sind Konflikte zwischen der Führungsmacht USA und anderen NATO-Staaten über die Ziele der Strategie und über die Methoden der Kriegführung nahezu zwangsläufig; auch zwischen den europäischen Partnerstaaten werden Meinungsverschiedenheiten auftreten. Daraus können Zerwürfnisse resultieren, welche den Zusammenhalt der Europäischen Union gefährden. Für Frankreich oder Deutschland und andere der europäischen NATO-Partnerstaaten könnte – je nach Lage – die Entscheidung anders ausfallen als für England.

Die unbekümmerte Dominanz der Amerikaner, die den Luftkrieg gegen Milosevic zum erheblichen Teil auf eigene

Faust geführt haben (das heißt außerhalb der NATO, am Ministerrat der NATO und an der gemeinsamen Befehlsstruktur vorbei), hat den europäischen NATO-Partnerstaaten einen Vorgeschmack künftiger Entwicklungen gegeben. Der nunmehr ernst gemeinte Entschluß der europäischen Partner zu einer europäischen Sicherheits- und Verteidigungsinitiative war die Konsequenz; er hat wiederum Scharfmacher in Washington zu der Bemerkung provoziert, die Europäer sollten gefälligst ihre Militärhaushalte erhöhen, statt der NATO Konkurrenz zu machen.

Bis zu einer gemeinsamen außenpolitischen und militärischen Handlungsfähigkeit der Europäer werden noch manche Jahre vergehen. In der Zwischenzeit können auf dem Balkan abermals Menschenleben vernichtende Krisen ausbrechen, ebenso aber auch im Nahen und Mittleren Osten und anderswo. Nach ihren jeweiligen strategischen Interessen oder auch nach innenpolitischer Opportunität können die USA solche Krisen entweder ignorieren – wie zum Beispiel die Tötung fast einer Million Menschen in Ruanda/Burundi –, oder sie können sich auf diplomatische und handelspolitische Einflußnahme beschränken – wie im Falle von Zigtausenden von Toten in Tschetschenien. Oder aber sie können militärisch eingreifen; in solchen Fällen werden sie eine Beteiligung der NATO und der Europäer verlangen. Hoffentlich können die Europäer sich dann auf eine gemeinsame Antwort verständigen. Andernfalls steht der Zusammenhalt der Europäischen Union auf dem Spiel.

Man mußte keineswegs Pazifist sein, um im Frühjahr 1999 die Bombenangriffe auf Belgrad zu mißbilligen. Vielmehr genügte es, vor dem Hintergrund geschichtlichen Wissens und eigener Kriegserfahrung die Urteilskraft anzustrengen, um sich gleichermaßen den zwar unbefriedigenden, aber immerhin glimpflichen Ausgang des Krieges in Gestalt von dauerhaften westlichen Militärprotektoraten vorstellen zu können wie ebenso einen langen Krieg mit Panzern, Artillerie, Minen – und mit vielen Toten. Daß Milosevic im Kosovo ohne einen solchen Krieg nachgegeben hat, ist ein Glücksfall – man weiß heute noch nicht mit Gewißheit, was seine Gründe waren, wahrscheinlich hat Moskau dabei eine hilfreiche Rolle gespielt.

Weil Glücksfälle schwerlich die Regel bilden, werden insbesondere die Deutschen eine Beteiligung an einem weiteren Krieg entgegen den Vorschriften der UN-Charta und entgegen dem 1990 im Zusammenhang mit der deutschen Vereinigung geschlossenen sogenannten Zwei-plus-Vier-Vertrag (»Vertrag über die abschließende Regelung in bezug auf Deutschland«) unter großen Skrupeln abzuwägen haben. Im Zwei-plus-Vier-Vertrag hat sich Deutschland gegenüber England, Frankreich, Rußland und den USA verpflichtet, seine Streitkräfte ausschließlich in Übereinstimmung mit der UN-Charta einzusetzen. Man muß an diesen Vertrag erinnern.

Ein mit vollem militärischen Einsatz geführter Krieg auf dem Balkan würde die aktiv und passiv beteiligten Völker große Opfer kosten. Die verwickelten Probleme der miteinander verfeindeten Balkanvölker würde er wahrscheinlich genausowenig lösen können wie alle anderen im 20. Jahrhundert auf der Halbinsel ausgefochtenen Kriege.

Der gefährliche Hang zum Zentralismus

Die politischen Herausforderungen der Europäischen Union kommen keineswegs nur von außen. Einige der schwersten Probleme sind hausgemacht, von den Regierungen der Mitgliedsstaaten und den Organen der EU durchaus selbstverschuldet. Dazu gehören zum Beispiel die seit langem dringend gebotene Verringerung der Zahl der Brüsseler Kommissionsmitglieder, eine weitere Einschränkung des Einstimmigkeitsprinzips im Rat der EU oder die Neuordnung der Stimmgewichte der Mitgliedsstaaten. Alle diese »institutionellen Reformen« hätten spätestens im Amsterdamer Vertrag 1997 erfolgen müssen.

Noch bedenklicher ist in meinen Augen die Einladung an ein volles Dutzend souveräner Staaten im Osten Mitteleuropas, auf der Balkan-Halbinsel und im Mittelmeerraum, der EU beizutreten, ohne sicher sein zu können, daß die dafür notwendige Aufnahmefähigkeit der EU hergestellt ist und die in diesem Zusammenhang unerläßlichen institutionellen Reformen zuvor abgeschlossen sein werden. Inzwischen haben sich mehrere eifrige nationale Außenminister und Brüsseler Kommissare nebst Hunderten von Beamten der Kommission schon eifrig ans Werk gemacht; öffentliche Verlautbarungen, Reden, Interviews, diplomatische Besuche und Vorverhandlungen setzen verfrühte Daten und schaffen Präjudizien, stiften Verwirrung und bereiten den Boden für nachfolgende schwere Enttäuschungen in der öffentlichen Meinung der beitrittswilligen Nationen.

Aber auch auf vielen anderen Gebieten führen mancherlei übereifrige und überflüssige Aktivitäten im Ministerrat und in den Handlungszentren der EU zu tiefgreifender Verärgerung in der öffentlichen Meinung der beteiligten Staaten. Das bleibt auf Dauer nicht ohne politische Konsequenzen; Europa-Überdruß und Verweigerung tatsächlich notwendiger Entscheidungen sind oft genug die Folge. Die meisten überflüssigen zentralistischen Regulierungen durch die EU gehen entweder auf einen der anderthalb Dutzend regelmäßig tagenden Ministerräte zurück oder auf die Kommission; häufig sind sie das Ergebnis eines Zusammenspiels von nationalen ministeriellen Bürokratien und Brüsseler Kommissionsbürokratie. So ist es zum Beispiel zu der uferlosen Ausweitung der Struktur- und Agrarfonds gekommen (sie erhalten zusammen über achtzig Prozent des Haushalts der EU), die noch unerfreuliche Krisen auslösen wird, weil man Teile ihrer Budgets für die neuen Mitgliedsstaaten benötigen wird.

So sind aber auch viele jener Richtlinien und Vorschriften zustande gekommen, die jedermann verärgern – mit Ausnahme jener Interessenten, die jeweils begünstigt werden. Es gibt europäische Vorschriften über die Krümmung von Salatgurken, über die Sitzfläche auf landwirtschaftlichen Traktoren oder über den zulässigen Lärmpegel von Rasenmähern. Hunderte solcher zentralistisch für die gesamte EU verordneten Vorschriften sind ein gefundenes Fressen für die Propaganda der EU-feindlichen Nationalisten in England, Frankreich, Deutschland, Österreich und andernorts, die populistisch im eigenen Land nach Wählerstimmen fischen und (siehe Österreich!) damit auch Erfolg haben.

Der ohne die eifrige und teilweise eifernde Beteiligung von Hunderten (!) nationaler Minister in den Ministerräten nicht mögliche bürokratische Zentralismus kann gefährlich werden. Er beschneidet ohne Not die Kompetenz der gewählten nationalen Parlamente und gibt den Bürgern und Wählern das Gefühl, von anonymen Kräften regiert zu werden. Das jüngste gefährliche Beispiel bietet der Versuch Brüssels, auf dem Wege über Wettbewerbsregeln das geschichtlich gewachsene öffentlich-rechtliche System der deutschen Kreis- und Stadtsparkassen zu beseitigen. Ihnen wird vorgeworfen, sie könnten sich unverhältnismäßig billig finanzieren, weil sie mit einer Garantie der Stadt oder des Kreises (»Gewährleistungsträger«) ausgestattet sind. Natürlich stecken private Aktienbanken (vor allem deutsche!) und ihre Wettbewerbsinteressen dahinter. Dergleichen zentralistische Einmischung in eine hundertjährig bewährte innere Struktur eines Mitgliedsstaates muß zwangsläufig heftige Emotionen und antieuropäische Reaktionen auslösen.

Vollends gefährlich wird eine zentralistische Einmischung dann, wenn sie von den Regierungschefs selbst betrieben wird. Das jüngste Beispiel war die im Januar 2000 von vierzehn Regierungschefs der EU gemeinsam verhängte diplomatische Quarantäne über Österreich wegen der Berufung von Parteigängern des Herrn Haider zu Ministern in Wien. Haider hatte sich den üblen Ruf eines verkappten Neo-Nazis zugezogen, er muß jedenfalls als ein demagogisch hochbegabter Ultra-Nationalist betrachtet werden. Allerdings hat die Regierung in Wien, welche sich auf Haiders Partei als Koalitionspartner stützt, bisher keineswegs gegen das Recht der EU verstoßen oder gar gegen die im Artikel 6 des Amsterdamer Vertrages festgeschriebenen »Grundsätze der Freiheit, der Demokratie, der Achtung der Menschenrechte und Grundfreiheiten sowie der Rechtsstaatlichkeit«.

Sofern die österreichische Regierung sich auch künftig keinerlei Verstoß zuschulden kommen läßt, werden die vierzehn Regierungschefs in die peinliche Lage kommen, eine Begründung für die Wiederherstellung normalen diplomatischen Verkehrs erfinden zu müssen. Diese Einmischung des Europäischen Rates in die Innenpolitik eines Mitgliedsstaates war ein Novum; immerhin hatten wir auch in anderen Regierungen von Mitgliedsstaaten schon polemische Ultra-Nationalisten erlebt – notabene auch Kommunisten –, die ihren politischen Aufstieg öffentlichen Reden verdankten, die im klaren Widerspruch zu den zitierten Grundsätzen des Amsterdamer Vertrages standen.

Wenn es in einem Mitgliedsstaat tatsächlich zu Verstößen gegen Artikel 6 kommen sollte, dann *kann* der Europäische Rat nach Artikel 7 dort festgelegte Schritte ergreifen, jedoch nur mit Zustimmung des Europäischen Parlaments. Das gegen Österreich gewählte Verfahren liegt dagegen außerhalb des Vertrages über die Europäische Union. Es kann anhaltende Kontroversen auslösen, zumal es als Präjudiz später andere Ratsmitglieder in die Versuchung führen kann, sich in innenpolitische Vorgänge anderer Mitgliedsstaaten in ähnlicher Weise einzumischen. Man stelle sich beispielsweise vor, in einem EU-Mitgliedsstaat käme es zu regierungsamtlichen Verstößen gegen die Rechtsstaatlichkeit – etwa im Konflikt mit baskischen oder nordirischen, russischen oder kurdischen oder anderen nationalen Minderheiten oder mit terroristischen Organisationen.

Falls es zu weiteren Einmischungen der EU in die Innenpolitik oder in innerstaatliche Konflikte von Mitgliedsstaaten kommen sollte, könnten die dadurch verursachten Emotionen den Zusammenhalt der Europäischen Union arg strapazieren. Ich erwarte jedoch, daß die Erfahrungen, welche der Europäische Rat im Falle Österreich gemacht hat, zur stillschweigenden Selbstkritik führen; eine Wiederholung ist nicht sehr wahrscheinlich.

Der Europäische Rat der Staats- und Regierungschefs muß sich ganz allgemein davor hüten, allzu häufig und allzu detailliert zu allen möglichen Fragen Entschließungen zu fassen und sich darüber öffentlich zu verbreiten, nur um das heimische Fernsehpublikum zu beeindrucken. Der Frühjahrssitzung des Europäischen Rates im Jahre 2000 wurden zum Beispiel fünfzehn umfangreiche Dokumente vorgelegt; die offiziell am Schluß veröffentlichten »Schlußfolgerungen des Vorsitzes« umfaßten, auf 17 eng bedruckten Seiten, sage und schreibe 59 Teilziffern – das alles in knapp zwei Tagen erledigt. Wenige Monate später, nach der nächsten Sitzung des gleichen Organs, umfaßten die »Schlußfolgerungen« einschließlich Anlagen diesmal 79 Seiten und 102 Teilziffern. Aus eigener Erfahrung weiß ich, daß keiner der fünfzehn Staats- und Regierungschefs den Inhalt auch nur der Hälfte dieser Papierflut gelesen haben kann, ganz zu schweigen von der Erarbeitung eines eigenen Urteils.

Die Überflutung der Staatsmänner Europas mit Themen, die für die eigentliche Arbeit des Europäischen Rates zum größten Teil ganz unerheblich sind, mag die jeweiligen Urheber, darunter die Fachminister in fünfzehn Hauptstädten und deren Bürokratien, befriedigen. Sie machen den Europäischen Rat zu ihrer Stempelmaschine. Damit verhindern sie aber einen ernsten, tiefgehenden Meinungsaustausch der Chefs über die Natur der kardinalen Probleme Europas und über die Wege zu deren Lösung.

Solange sich die führenden Staatsmänner der EU durch routinemäßige Absegnung bürokratischer Entwürfe laufend in die Aufgaben der nationalen Parlamente und Regierungen der Mitgliedsstaaten einmischen, so lange kann man sich über den wuchernden Zentralismus nicht wundern. So haben sie beispielsweise laut Teilziffer 26 der »Schlußfolgerungen« vom Frühjahr 2000 den Mitgliedsstaaten das Ziel gesetzt: »Die Humankapitalinvestitionen pro Kopf [kein Druckfehler!] sollten von Jahr zu Jahr gesteigert werden. Die Zahl der 18- bis 24jährigen, die lediglich über einen Abschluß der Sekundarstufe I verfügen und keine weiterführende Schul- und Berufsausbildung durchlaufen, sollte bis 2010 halbiert werden ...« In diesem Stil ist eine volle Druckseite DIN A4 gefüllt mit als Empfehlung getarnten Einmischungen in die nationalen Schulpolitiken (und in Deutschland in die Aufgaben der Bundesländer).

Das ist nur ein Beispiel unter vielen ähnlichen. Insgesamt wächst die Tendenz *aller* Organe der EU zu Einmischungen und Bevormundungen zu Lasten der demokratisch gewählten nationalen Parlamente und Regierungen. Weil aber Befugnisse und Verantwortung des Europäischen Parlaments keineswegs ausreichend erweitert worden sind, sind die Kommission in Brüssel und ihre Bürokratien die Gewinner – und neben ihnen die nationalen Fachminister und ihre nationalen Bürokratien, welche die Vielzahl der »Räte« der EU bevölkern.

Man muß keineswegs Stoiber heißen, um diesen Prozeß zu verabscheuen; man muß nicht Engländer sein, um sich dagegen aufzulehnen. Wenn die Staatsmänner an der Spitze der EU es nicht fertigbringen, den schleichenden Prozeß der Aushöhlung der nationalstaatlichen Kompetenzen zu beenden und den nationalen Parlamenten und Regierungen Zuständigkeiten und Verantwortung zurückzugeben, kann der Zentralismus der EU bei den Wählern zu schwerwiegenden Enttäuschungen und zum Rückfall in Nationalismus führen.

Die Organe der EU begehen einen schweren Fehler, wenn sie meinen, die beiden wichtigsten sozialen Probleme der meisten Mitgliedsstaaten durch zentrale Maßnahmen oder Richtlinien lösen zu können. Der fast überall überforderte und deshalb finanziell kränkelnde Wohlfahrtsstaat und die fast überall strukturell verfestigte Massenarbeitslosigkeit haben zwar zum Teil vergleichbare Ursachen; aber die sozialen und ökonomischen Fehlentwicklungen, die Traditionen und Strukturen der einzelnen Mitgliedsstaaten und ihrer Volkswirtschaften sind von Staat zu Staat verschieden. Die spanische und die ostdeutsche, die süditalienische und die schwedische Massenarbeitslosigkeit sind jedenfalls kaum vergleichbar.

Holland und Dänemark haben in den neunziger Jahren auf verschiedene Weise gezeigt, wie man – obgleich fest eingebunden im gemeinsamen Markt Europas und in hohem Maße vom globalen Wettbewerb abhängig – mit nationalen Instrumenten, die Spielräume der nationalen Politik klug nutzend, zu einer eindrucksvollen Senkung der Arbeitslosigkeit gelangen kann. Entscheidend waren dabei die sachkundige Analyse der eigenen Lage, der Mut zu zunächst unpopulären Schritten und politische Autorität, um die nötige Zustimmung im Parlament und bei den beteiligten Interessengruppen zu erlangen.

Ohne Urteilskraft und Zivilcourage der politischen Führer und der politischen Klasse können in keinem der Mitgliedsstaaten der EU die Leistungsfähigkeit der sozialen Sicherungssysteme wiederhergestellt und die hohe Arbeitslosigkeit beseitigt werden. Dagegen hätte eine Serie von EU-Richtlinien oder auch eine feierliche Charta der EU wenig Aussicht, zugleich den arbeitslosen Bankangestellten in London, den Landarbeitern im portugiesischen Alentejo und den arbeitslosen Textilarbeitern in Lodz zu helfen. Das erwarten die Menschen ja auch gar nicht von der EU. Sondern sie richten ihre Erwartung mit Recht auf diejenigen, die sie sich zur Regierung gewählt haben.

Wer von seiten der EU ohne Not Kompetenz, Autorität und Verantwortlichkeit der nationalen Regierungen aushöhlt, untergräbt nicht nur das Vertrauen der Menschen in ihren Staat; er wird dadurch auch schwerlich Vertrauen in die EU fördern. Die EU darf die europäischen Nationalstaaten nicht aushöhlen. Sie sind im Laufe von Jahrhunderten gewachsen, zum Teil unter schwersten Bedingungen, und werden noch für viele Generationen zur Identifikation nötig sein. In ihrer übergroßen Mehrheit würden sich die Europäer heute für ihren Nationalstaat aussprechen, falls sie vor die Wahl gestellt würden, sich entweder für die Europäische Union oder für ihr Land zu entscheiden. Auch deshalb ist jeder nicht unbedingt notwendige EU-Zentralismus von Übel.

Ein Wort zum Nationalismus

Wenn wir Europäer den Herausforderungen gewachsen sein wollen, die von außen an uns herantreten, dann sind Zusammenhalt und Handlungsfähigkeit der Europäischen

Union notwendige Bedingungen. Beide sind gefährdet, wenn nationalistische Tendenzen die Oberhand gewinnen.

Nationalistische Tendenzen gibt es in nahezu allen Nationen; sie sind teils gezügelt und gemäßigt, teils nur latent, unter der Oberfläche spürbar, manchmal werden sie aber auch lautstark geäußert. Die nationalen Emotionen großer Massen werden regelmäßig auf drastische Weise sichtbar und hörbar: Wenn die Fußballnationalmannschaften gegeneinander spielen, dann kommt es bisweilen zu nationalistischen Entartungen. Auch europäische Gipfelkonferenzen sind einigen Teilnehmern manchmal ein willkommener Anlaß, dem latenten Nationalismus des heimischen Fernsehpublikums Zucker zu geben, indem man einen »Sieg« der Interessen des eigenen Landes bekanntgibt.

Das Wort Nationalismus ist kein eindeutiger Begriff. Wenn es das natürliche Nationalbewußtsein, die Zugehörigkeit und Loyalität oder auch den Stolz auf das eigene Volk und den eigenen Staat meint, dann bedeutet das Wort Nationalismus das gleiche wie das Wort Patriotismus; in diesem Sinne sprechen wir von Nationalflaggen, Nationalhymnen, Nationalfeiertagen und so weiter. Das Wort Nationalismus kann aber auch ein übersteigertes, gegenüber anderen Nationen überhebliches und rücksichtsloses Sendungsbewußtsein meinen; dann meint es dasselbe wie das Wort Chauvinismus. Nationalismus im chauvinistischen Sinne ist auf unserem Kontinent wesentlich erst im Laufe des 19. Jahrhunderts entstanden, er hat bis in die Mitte des 20. Jahrhunderts das Verhältnis zwischen den Nationen und den Nationalstaaten in Europa geprägt – Hitlers großdeutsches Reich bedeutete den extremen Höhepunkt. Seither ist in Europa – mit Ausnahme großer

Teile der Balkan-Halbinsel und der ehemals sowjetischen Territorien – der übersteigerte Nationalismus auf dem Rückzug. Aber er ist keineswegs erloschen.

Durch zentralistische Bevormundung oder auch durch Benachteiligung einzelner EU-Staaten – seien die Beeinträchtigungen tatsächlich gegeben oder nur eingebildet – kann ein latenter Nationalismus innerhalb eines Mitgliedsstaates zum Ausbruch kommen. Er könnte auch von außen provoziert werden, zum Beispiel dadurch, daß die Politik einer der Weltmächte einseitig einen der EU-Staaten bevorteilt oder umgekehrt einen anderen benachteiligt und dadurch Neid, Angst oder Verbitterung hervorruft. Solange es noch keine funktionstüchtige gemeinsame Außen- und Sicherheitspolitik der EU gibt, kann dergleichen weder von seiten der USA noch von seiten Rußlands ganz ausgeschlossen werden. Auch eine Überflutung mit Zuwanderern – gleichgültig, ob tatsächlich oder nur dem Anschein nach – kann den latenten Nationalismus virulent und sogar gewalttätig werden lassen. Wir erleben das neuerdings häufiger in deutschen Städten, zumal in den östlichen Bundesländern; dabei kann dort gar nicht von Überflutung gesprochen werden, im Vergleich zu den westlichen Bundesländern leben im Osten tatsächlich nur wenige Ausländer.

Die Regierenden in den Mitgliedsstaaten der EU und die Organe der EU müssen sich der Gefahren bewußt sein, die der weiteren Entfaltung und dem Erfolg der Europäischen Union drohen, wenn der übersteigerte Nationalismus sich wieder erholen und weiterhin zunehmen sollte. Sie dürfen ihm nicht opportunistisch entgegenkommen, sondern müssen immer wieder erläutern, daß und warum die weitere Entfaltung der EU im wohlverstandenen nationalen Interesse ihres eigenen Volkes liegt. Dies gilt insbesondere auch für Deutschland.

Wäre unser für alle Nachbarn reichlich groß erscheinendes Vaterland nicht eingebettet in eine handlungsfähige Europäische Union, könnte Deutschland im Laufe nicht allzu vieler Jahre Gegenstand des Neides und des Argwohns werden. Dies haben alle sieben Bundeskanzler gewußt, ob sie nun aus der CDU oder aus der SPD gekommen sind. Allerdings haben nicht alle mit gleicher Deutlichkeit diese Überzeugung auch öffentlich ausgesprochen. Hingegen haben führende Politiker der jeweiligen Opposition, ob CDU/CSU oder SPD, manchmal der opportunistischen Versuchung zu nationalistischen Tönen nachgegeben und wichtigen Schritten der europäischen Integration widersprochen; dies begann mit Schumachers Ablehnung der Montanunion und hat mit Stoibers Ablehnung des Euro nicht aufgehört.

Solches hat es auch in Frankreich, in England und in anderen Mitgliedsstaaten gegeben, auch in Staaten, die erst noch Mitglied der EU werden wollen. Es wird dergleichen auch in Zukunft geben, denn die Demokratie bleibt nun einmal ein unvollkommenes Regierungssystem, und oppositionelle Politiker neigen nun einmal zu Übertreibungen. Jeder Wahlkampf ist ein Kampf um die Gunst des Publikums und verleitet dazu, dessen vermuteten Gefühlen zu entsprechen.

Jedoch darf keiner, der in Deutschland Verantwortung trägt, die grundlegende Einsicht verdrängen: Nur als Glied der Europäischen Union ist Deutschland den künftigen Herausforderungen gewachsen. Wir Deutschen können selbstverständlich Patrioten sein wie alle anderen Völker auch, aber niemals dürfen wir einem übersteigerten Nationalismus Raum lassen. Wir dürfen nichts zulassen und nichts tun, was Deutschland in eine Isolation führen könnte. Mit einem anderen Wort: Die Europäische Union liegt in unserem patriotischen Interesse.

Sie liegt ebenso im patriotischen Interesse der Franzosen, der Polen und fast aller anderen Nationen, die sich in der EU vereinigt haben oder ihr beitreten wollen. Gleichwohl stehen wir bei jedem einzelnen Schritt zur Vollendung der Handlungsfähigkeit der Union vor großen Schwierigkeiten. Wer allzu viele Schritte auf einmal tun und zu schnell vorangehen will, kann leicht stolpern. Wir haben das im Laufe der letzten fünfzig Jahre mehrfach erlebt. Zuerst 1954, als das Projekt einer Europäischen Verteidigungsgemeinschaft scheiterte, weil nach der Ratifikation der Montanunion der Zeitraum von zwei Jahren für den psychologisch-politischen Reifungsprozeß nicht ausgereicht hatte; zuletzt 1997, als man sich im Amsterdamer Vertrag nicht über eine Reihe drängender institutioneller Reformen einigen konnte und sie verniedlichend als Überbleibsel (»*left-overs*«) ins nächste Jahrhundert verschob.

Rom wurde nicht an einem Tage erbaut. Auch der Bau der Europäischen Union erfordert die Kraft mehrerer Generationen. Es ist deshalb lehrreich, sich die bisherigen Schritte, die dabei vorherrschenden Motive und die Umstände der Verwirklichung ins Bewußtsein zu heben.

III
Die allmähliche Entfaltung der Europäischen Union

Unter Karl dem Großen ist zum ersten Mal eine Vielzahl der in Europa lebenden Völker unter einem Dach vereinigt gewesen. Das Dach hat nicht sehr lange gehalten. Die Päpste, die Kaiser, die Könige und Fürsten stritten sich und kämpften jahrhundertelang um Territorien, um Vorrang und um Unabhängigkeit. Als das europäische Mittelalter an sein Ende kam, hatte weder Frankreich gesiegt noch Spanien noch der Kaiser, auch nicht der Papst. Obsiegt hatte der Absolutismus der Fürsten und Könige, deren Erbe am Ende der Nationalstaat wurde.

Bevor es dazu kam, hat Europa – und vornehmlich Deutschland – den Dreißigjährigen Krieg erlebt, eine Katastrophe, die Todesopfer in ungeheurer Zahl gekostet hat, höchstens der Pest im 14. Jahrhundert vergleichbar. Es waren vor allem die weltlichen Fürsten, die schließlich 1648 untereinander den Westfälischen Frieden zustande brachten. Sie wollten mit ihrem Vertrag eine große Teile Europas deckende Friedensordnung schaffen – und haben damit zugleich der Grundlegung des Völkerrechts durch Hugo Grotius zum Durchbruch verholfen.

Weil aber das in Münster und Osnabrück besiegelte Vertrags- und Völkerrecht schon bald vielfältig gebrochen wurde, nicht zum wenigsten durch Ludwig XIV., entwickelten im Laufe des 17. und 18. Jahrhunderts bedeutende Denker wie Jean-Jacques Rousseau und Immanuel Kant Utopien des Friedens; sie blieben ohne politische Wirkung. Nach den Napoleonischen Kriegen hat man weniger durch rechtliche Ordnungen und Verfahren als vielmehr durch Kooperation zwischen absoluten Fürsten deren Macht und territorialen Besitz zu stabilisieren gesucht. Im 19. Jahrhundert erlebte Europa allenthalben den Aufstieg des Nationalstaats. Im gleichen Jahrhundert ertönten erstmalig aber auch Rufe nach einer Vereinigung Europas, so durch die bedeutenden Franzosen Victor Hugo und Emile Zola.

1924 trat der Österreicher Coudenhove-Kalergi mit seiner Vision von »Pan-Europa« auf den Plan. 1929 forderte der französische Außenminister Aristide Briand vor dem Genfer Völkerbund eine »Europäische Föderation«; er hatte zuvor mit Gustav Stresemann in Locarno eine deutsch-französische Verständigung zustande gebracht, beide hatten dafür den Friedensnobelpreis erhalten. Briand war ein Politiker hohen Ranges, seine europäische Initiative (einschließlich der Idee eines gemeinsamen Marktes) war wohl die gewichtigste, die zwischen den beiden Weltkriegen vorgetragen wurde.

Briand blieb mit seiner Initiative erfolglos, die Zeit war noch nicht reif. Dabei spielten sowohl der soziale und politische Druck der Weltwirtschaftskrise eine Rolle, die im selben Jahr begann, als auch die Tatsache, daß in vielen europäischen Staaten nationalistische Diktaturen herrschten. Zwischen den beiden Weltkriegen wurde nicht nur Deutschland einer Diktatur unterworfen, sondern ebenso Ungarn, Italien, Polen, Spanien, Portugal, Österreich, Estland, Lettland, Rumänien, Bulgarien, Jugoslawien und

Griechenland. Einige Machthaber sind ab 1938 von Hitler durch Vasallen ersetzt worden, andere nach 1945 durch Moskau-Hörige.

Die in Potsdam 1945 besiegelte Teilung Europas am Ende des Zweiten Weltkriegs, dazu das massenweise menschliche Elend, besonders in Polen und in beiden Teilen Deutschlands, und die drängende Notwendigkeit der Beseitigung der tiefgreifenden Kriegszerstörungen mußten den meisten Menschen in Mitteleuropa jede Idee einer übernationalen demokratischen europäischen Ordnung als Utopie erscheinen lassen. Und doch gab es schon bald erste Ansätze. 1948 kam es zur Gründung der westeuropäisch-nordamerikanischen OEEC (Organization for European Economic Cooperation), die 1949 auch die Bundesrepublik Deutschland aufnahm. 1949 wurde der Europarat einberufen, eine allerdings lediglich beratende Versammlung, in die zehn westliche europäische Demokratien ihre Abgeordneten entsandten (Deutschland und Österreich waren damals nicht vertreten, auch keiner der kommunistisch regierten Staaten).

Die bedeutsamsten Anstöße jedoch kamen von Winston Churchill und von Jean Monnet. Winston Churchill, einer der herausragenden europäischen Staatsmänner des 20. Jahrhunderts, seit 1945 im englischen Parlament auf den Bänken der Opposition, hielt 1946 in Zürich eine Rede von großer strategischer Weitsicht. Als einer der ersten hatte er die von einer expansionistisch-imperialistischen Sowjetunion unter Stalin ausgehende Gefährdung Westeuropas erkannt; er sah auch den künftigen Wiederaufstieg der Deutschen voraus und hielt es für wahrscheinlich, daß von Deutschland eines Tages abermals Gefahr ausgehen könnte. Er wandte sich deshalb an seine französischen Kriegsverbündeten: Sie sollten sich mit den Deutschen versöhnen und mit ihnen die »Vereinigten Staaten von Europa« gründen; dabei konnte es sich damals nur um Westdeutschland handeln, das heißt um die spätere Bonner Republik.

Churchill ließ erkennen, daß er England nicht als Mitglied dieser Vereinigten Staaten ansah. Seine Rede blieb zunächst ohne sonderliche Resonanz in Europa, auch haben nur wenige Deutsche damals davon erfahren. Aber Churchills Doppelstrategie, zum einen eine westliche Barriere gegen die Sowjetunion und gegen den von dort gelenkten Kommunismus zu schaffen und zum anderen Deutschland fest in den demokratischen Westen einzubinden, mußte einem vorausdenkenden Franzosen einleuchten.

Ein solcher Mann war Jean Monnet. Er war ein Mann ohne politisches Mandat, aber er hatte klare Vorstellungen und besaß die Fähigkeit, Politiker zu finden und zu überzeugen, die ihrerseits genug Macht und Einfluß hatten, seine Vorstellungen zu verwirklichen, wobei er selbst stets bescheiden im Hintergrund blieb. Ohne Monnet wäre es 1950 nicht zum Schuman-Plan und zwei Jahre später zu dessen Verwirklichung in Gestalt der Europäischen Gemeinschaft für Kohle und Stahl zur sogenannten Montanunion gekommen. Sie stellte die beiden damaligen Schlüsselindustrien Frankreichs, Westdeutschlands, Italiens und der drei Benelux-Staaten unter das Dach einer gemeinsamen Politik – und damit begann die institutionelle Integration Europas.

Natürlich gab es in allen sechs Staaten auch Widerstand gegen die damit verbundene Teilabtretung von souveränen Rechten an die gemeinsame »Hohe Behörde«, die Monnet als erster geleitet hat. Auch später wurde gegen die weiteren Schritte der Integration immer wieder opponiert; im Verlauf des bis heute sich über ein halbes Jahrhundert erstreckenden Integrationsprozesses hat es eine ganze Reihe von Krisen gegeben. Daß dieser Prozeß gleichwohl vorankam, ist denen zu verdanken, die rechtzeitig erkannten, daß die strategischen Prinzipien der Integration letztlich größeres Gewicht hätten als alle Einwände.

Die strategischen Grundprinzipien sind im Laufe der Jahrzehnte erweitert und ergänzt worden, während der fünfziger und sechziger Jahre vornehmlich unter dem Einfluß Monnets, der stets nach Zwischenzielen suchte und neue Wege ebnete. Das eine der beiden zu Beginn vorrangigen strategischen Motive, eine Barriere gegen die Expansionstendenzen einer mächtigen Sowjetunion zu bilden, hat mit deren Zerfall seine Bedeutung verloren. Das andere, damals als entscheidend wichtig angesehene strategische Motiv, die Einbindung Deutschlands, hat dagegen sein hohes Gewicht stets behalten.

Mit der ökonomischen Erstarkung und der inneren Konsolidierung der anfangs noch sehr fragilen Bonner Republik, vollends aber mit der Vereinigung der beiden deutschen Staaten wurde die Einbindung Deutschlands in einen größeren Verband demokratischer Staaten und seine feste Verankerung im Westen für fast alle unserer europäischen Nachbarn ein unerläßliches strategisches Prinzip. Ohne diese Verankerung hätte Gorbatschow kaum der deutschen Wiedervereinigung zustimmen können. Ohne die Einbindung und ohne die Westverankerung Deutschlands wäre der Widerstand Frankreichs unter Mitterrand und Englands unter Margaret Thatcher gegen die Wiedervereinigung nicht zu überwinden gewesen. Sie hätten viele andere Europäer auf ihrer Seite gehabt. Die Besorgnis vor einem allzu gewichtigen Deutschland und vor einer möglichen Wiederkehr deutschen Dominanzstrebens ist auch heute keineswegs erloschen.

Die verdächtigen Deutschen

Die Sorge fast aller unserer Nachbarn vor einem allzu mächtigen Deutschland hat ihre Wurzeln nicht nur in den bösen Erfahrungen mit Hitler und dem Dritten Reich. Die Wurzeln reichen tief in das 19. Jahrhundert zurück. Gewiß haben nationalistisch-polemische Verzerrungen der Rolle Deutschlands und Preußens seit der Mitte des 19. Jahrhunderts die Vorstellungen beeinflußt, die sich im Bewußtsein unserer Nachbarn festgesetzt haben; viel Nachteiliges ist ihnen von ihren jeweils eigenen Historikern, Schriftstellern, Journalisten und Politikern suggeriert worden. Auch auf deutscher Seite haben sich – jedenfalls bis 1945, aber auch darüber hinaus – zum Teil höchst bösartige Verzerrungen in der Darstellung des Nationalcharakters der Franzosen, der Polen, der Russen und anderer Nachbarn im Bewußtsein vieler Menschen gehalten.

Die beiden Weltkriege mußten auf allen Seiten zwangsläufig neuen Nationalismus schüren. Hitlers Krieg, die teilweise unmenschliche Praxis der von ihm eingerichteten Besatzungsregimes, vor allem aber die fabrikmäßige Ausrottung der europäischen Juden haben ein schlimmes, einmalig übles Bild von den Deutschen insgesamt entstehen lassen; der Amerikaner Goldhagen ist nur einer unter vielen, die dieses verzerrte Bild bis auf den heutigen Tag propagieren.

Die bis zur letzten Minute der Wiedervereinigung von Helmut Kohl aufrechterhaltene Nichtanerkennung der deutsch-polnischen Grenze an Oder und Neiße als einer endgültigen Folge des total verlorenen Krieges hat noch in jüngster Zeit zur Sorge vor deutschem Revisionismus und Revanchismus beigetragen. Wenig vertrauensbildend war auch in den siebziger Jahren der erbitterte Widerstand der CDU/CSU-Opposition gegen die Ostpolitik der sozialliberalen Koalition und 1975 gegen unsere deutsche Unterschrift unter die Schlußakte von Helsinki (der sich als einziger europäischer Staat das kommunistisch regierte Albanien verweigert hat). Kohl war als Kanzler gewiß ein überzeugter und tätiger Anhänger der europäischen Integration; gleichwohl hat er nationalistischen Tendenzen zuliebe, die es in seiner und deren Schwesterpartei gab, bis 1990 gegenüber Polen in einer Weise taktiert, die nicht nur den kommunistischen Parteien und Regierungen, sondern auch manchen anderen Ausländern Anlaß gab, Zweifel an Deutschland zu hegen.

Inzwischen richten einige intransigente Deutsche mit lautstark geäußertem Nationalismus, einige Splitterparteien und neuerdings rechtsextreme, rabaukenhafte Skinheads und Neo-Nazis weit größeren Schaden an und provozieren Mißtrauen. Die heute lebenden Deutschen sind in ihrer großen Mehrheit überzeugt, daß die Gefahr eines Rückfalls in deutschen Chauvinismus, in Wilhelminismus, in Nazi-Ideologie oder in Antisemitismus nicht besteht, die übergroße Mehrheit will nicht zurück zu einer Haltung, die Deutschland »über alles« stellt. Wir glauben, mit den wenigen Nationalisten, die es bei uns gibt, fertig werden zu können, auch mit den gewalttätigen Rechtsextremen und mit ihrem Haß gegen zugewanderte Ausländer anderer Hautfarbe und anderer Kultur. Wir sind ja auch mit dem mordwütigen Terror der linksextremen RAF fertig geworden. Nebenbei gesagt: Die wenigen nachgebliebenen hitzköpfigen sudetendeutschen Wortführer sterben aus; sie müßten eigentlich Sudeten-Österreicher heißen, denn zu Deutschland haben sie nur ganze sieben Jahre gehört, zu Österreich aber Jahrhunderte.

Wir Deutschen sind in unserer großen Mehrheit überzeugt, uns willig und mit Erfolg in die Gemeinschaft der europäischen Völker eingefügt zu haben. Wir zweifeln nicht daran, daß wir zuverlässig unsere Verträge und Versprechungen einhalten werden. Wir ärgern uns über manche Mißstände im eigenen Land und auch in der Europäischen Gemeinschaft, aber wir fühlen uns sicher im Vertrauen auf die Standfestigkeit und Solidität unseres Grundgesetzes und unseres Rechtsstaates.

Und dennoch gibt es Gefahren. Eine der Gefahren liegt in der Möglichkeit, daß die nachwachsenden Deutschen unsere heutige Normalität früher für selbstverständlich halten, als dies manchen unserer Nachbarn wünschenswert erscheint, deren politische Klasse oder deren Medien Deutschland kritisch betrachten. Deutschland hat neun direkt angrenzende Nachbarn, deutlich mehr Nachbarn als irgendein anderer europäischer Staat. Dabei sind unsere indirekten Nachbarn England, Italien, Rußland, Schweden und die drei baltischen Republiken noch gar nicht mitgezählt; aber auch sie haben in den eintausend Jahren deutscher Geschichte eine große, zum Teil nachhaltige Rolle gespielt – und das wird auch künftig so sein.

Die schicksalhafte geographische Zentrallage des zusammenhängenden Wohngebietes der Deutschen wurde seit den Zeiten der Völkerwanderung immer wieder bestimmend für den Verlauf der deutschen Geschichte. In Phasen relativer Stärke sind unsere Vorfahren aus dem Zentrum nach außen vorgestoßen, so nach Italien oder ins Baltikum, über den Balkan bis nach Jerusalem; in Zeiten relativer Schwäche gab es Vorstöße von außen in das Zentrum hinein, in der Neuzeit besonders aus Schweden, aus Frankreich, aus Rußland. Im Zweiten Weltkrieg haben deutsche Soldaten am Nordkap und auf Kreta, in Paris und vor Moskau gestanden und anschließend russische und amerikanische Soldaten in Berlin. Viele europäische Nationen sind geostrategisch in ungleich günstigerer Situation und waren deshalb weit seltener in Kriege mit Nachbarn verwickelt.

Aus allen Kriegen bleiben böse Erinnerungen zurück und werden an nachfolgende Generationen weitergegeben. So hat mein Großvater mir in den zwanziger Jahren von den Schandtaten der »Franzosenzeit« in Hamburg erzählt, obgleich diese damals bereits mehr als einhundert Jahre zurücklag, lange vor seiner eigenen Geburt. Ähnlich werden im kollektiven Gedächtnis unserer Nachbarn deutsche Schandtaten aufbewahrt und weitergegeben. Je mehr wir Deutschen uns dessen bewußt bleiben und je sorgfältiger wir uns hüten, den aus solchen Erinnerungen fließenden Sorgen vor deutscher Selbstüberschätzung durch unser Verhalten Nahrung zu geben, um so besser für alle.

Dazu gehört der Verzicht auf moralische Besserwisserei, etwa in Form von lautstarker Kritik an unvollkommener Beachtung der Menschenrechte in anderen Staaten – ob in China, im Iran oder in der Türkei oder sonstwo. Dazu gehört maßvolles Auftreten innerhalb der Organe der Europäischen Union. Wir sollten uns bisweilen an die wichtige Erfahrung erinnern, daß die Einbindung der Bonner Republik in die europäische Integration eine notwendige Bedingung für die Wiedergewinnung unseres Selbstbestimmungsrechtes gewesen ist. Die Rechte, welche die westlichen Siegermächte seit 1945/49 über Westdeutschland ausgeübt haben, sind nur schrittweise zurückgegeben worden – so wie die europäische Integration ihrerseits nur schrittweise vorangeschritten ist.

Schritt für Schritt

Unter der unauffälligen Ägide Monnets gelangte man im Laufe der fünfziger Jahre zu der Einsicht, daß über die beiden Branchen Kohlebergbau und Stahl hinaus eine weiter gespannte wirtschaftliche Integration für die Menschen in allen sechs Staaten der Montanunion große Vorteile mit sich bringen würde. So kam es 1957/58 zu den Römischen Verträgen und zur Europäischen Wirtschafts-Gemeinschaft (EWG), später Europäische Gemeinschaft (EG) genannt, das heißt zur Begründung des gemeinsamen Marktes (und 1968 zur Aufhebung der Zollschranken).

Dieser Markt wird vollendet sein, wenn es ab 2002 nicht nur im Verrechnungsverkehr, sondern auch in Gestalt von Münzen und Geldscheinen die gemeinsame Währung Euro gibt. Der gemeinsame Markt mit vierzehn verschiedenen Währungen – und häufig sich ändernden Wechselkursen – war ein Unikum, für das es in keinem orientalischen Basar eine Parallele gibt. Auch der gemeinsame Markt, als

Gesamtprojekt der entscheidend wichtige zweite Integrationsschritt, konnte nicht in einem einzigen Akt, sondern nur in mehreren Schritten zustande gebracht werden. Dieser Prozeß hat sich über mehr als vier Jahrzehnte erstreckt.

Im gleichen Zeitraum waren mehrere schwere Krisen zu überwinden. Sie begannen 1954 mit der Ablehnung des Projektes einer Europäischen Verteidigungs-Gemeinschaft (EVG) durch das französische Parlament. Wenn in den siebziger Jahren die Integration – und damit die Entfaltung des gemeinsamen Marktes – schließlich doch fortgesetzt werden konnte, so war dies vor allem der Rückbesinnung auf die ursprünglichen strategischen Motive der Integration zu danken, wie sie schon Monnet und Schuman, Churchill, Adenauer und de Gasperi geleitet hatten. Gleichzeitig aber hatte sich ein zusätzliches Motiv im Bewußtsein vieler Europäer – Politiker, Unternehmer, Gewerkschafter und Journalisten – durchgesetzt: das Prinzip des ökonomischen Vorteils durch Integration. Dies wurde zu einem der wesentlichen Motive für den Beitritt weiterer Staaten Anfang der siebziger Jahre.

Georges Pompidou war inzwischen Nachfolger de Gaulles, auch in London und in Bonn standen mit Edward Heath und Willy Brandt neue Chefs an der Spitze. Sie brachten den Beitritt Englands zustande, den de Gaulle blockiert hatte; zugleich traten Dänemark und Irland bei. Die erste globale Ölpreiskrise ab Herbst 1973 schien den Fortgang der Integration zunächst zu unterbrechen. Aber noch im Laufe der siebziger Jahre gelangen aufgrund gemeinsamer Initiativen von Giscard d'Estaing und mir selbst drei weitere Schritte, nämlich die direkte Volkswahl der Abgeordneten des Europäischen Parlaments, die bisher von den nationalen Parlamenten entsandt worden waren, die Institutionalisierung des Europäischen Rates der Staats- und Regierungschefs der EG und die Begründung des Europäischen Währungssystems (EWS oder *European Monetary System*, EMS) mit festgelegten Wechselkursen zwischen den nationalen Währungen der Mitgliedsstaaten (England blieb damals außerhalb). Die sieben Jahre, in denen Giscard d'Estaing und ich gleichzeitig an der Spitze Frankreichs und Deutschlands standen, waren notabene eine Periode engster Zusammenarbeit zwischen Paris und Bonn. Es gab keinerlei von außen erkennbare Meinungsverschiedenheiten, und in allen internationalen Konferenzen traten wir mit gleichen Positionen auf.

In den achtziger Jahren traten Griechenland, Spanien und Portugal der EG bei, die Gemeinschaft erweiterte sich auf zwölf Mitgliedsstaaten. Qualitative Fortschritte blieben zunächst jedoch aus, weil zwei weltpolitische Entwicklungen das Denken der Politiker beherrschten: die zweite globale Ölpreiskrise und die Zuspitzung des Kalten Kriegs in Form sowjetischer nuklearer Mittelstreckenraketen, die den NATO-Doppelbeschluß herbeiführten. Gegen Ende der achtziger Jahre kamen die Turbulenzen hinzu, welche der Auflösung der Sowjetunion vorausgingen, sowie – vor allem in Paris und in London – die Turbulenzen im Zusammenhang mit der deutschen Wiedervereinigung.

Die Verträge von Maastricht 1992 und Amsterdam 1997 setzten dann für 1999 endgültig die seit 1979 vorbereitete gemeinsame Währung in Gang. Aus der EG wurde die Europäische Union (EU), der man eine Reihe zusätzlicher Aufgabenfelder zuwies, an erster Stelle den Auftrag, eine gemeinsame Außen- und Sicherheitspolitik ins Werk zu setzen. Gleichzeitig wurde eine Einladung an »jeden europäischen Staat« ausgesprochen, seinen Beitritt zur EU zu beantragen. Nachdem 1995 die offiziell neutralen Staaten Finnland, Schweden und Österreich beigetreten waren, umfaßte die EU an der Schwelle des 21. Jahrhunderts fünfzehn Mitgliedsstaaten; mit zwölf weiteren Staaten sind Beitrittsverhandlungen schon im Gange.

Am Beginn des neuen Jahrhunderts müssen wir drei strategische Prinzipien der Integration Europas im Auge behalten: die Einbindung Frankreichs und Deutschlands als Kern; den gemeinsamen sozialökonomischen Vorteil und die gemeinsame Fähigkeit zur ökonomischen, politischen und notfalls militärischen Selbstbehauptung. Keines dieser drei Grundprinzipien ist bisher voll verwirklicht.

Wenn man jedoch die europäische Geschichte der letzten dreihundert Jahre in Betracht zieht, insbesondere die unendlich vielen Kriege bis 1945, dann ist die heutige EU staunenswert. Ohne Unterschied haben Konservative, Liberale, Sozialdemokraten und Sozialisten in fünfzehn Ländern über fast ein halbes Jahrhundert all die vielen Schritte zustande gebracht, die nötig waren. Gleichwohl bleiben noch viele weitere Schritte zu tun. Manche werden Konflikte und Krisen auslösen, sie werden nach der Kunst des konstruktiven Kompromisses verlangen.

Es ist deshalb nützlich, sich an einige der früheren Krisen zu erinnern und zu fragen, wie sie überwunden werden konnten. Die wegen des Scheiterns der Europäischen Verteidigungs-Gemeinschaft entstandene Krise wurde durch die Aufnahme der Bundesrepublik Deutschland in die NATO überwunden. Diese Lösung war wesentlich von Washington initiiert, sie hat zugleich dem amerikanischen Primat genützt.

Die wenig später in den Verhandlungen für die Römischen Verträge, das heißt bei der Schaffung der Europäischen Wirtschafts-Gemeinschaft auftretende Krise über eine hoch dirigistische Agrarmarktordnung wurde dadurch gelöst, daß Adenauer gegen Ludwig Erhards Widerstand entschied, den Verstoß gegen marktwirtschaftliche Prinzipien um des Fortgangs der Integration willen in Kauf zu nehmen.

Die durch de Gaulles Veto gegen den Beitritt Englands entstandene Krise konnte nicht überwunden werden; England konnte erst nach dem Rücktritt de Gaulles beitreten. Die 1965 durch die französische Politik des sogenannten »leeren Stuhls« entstandene Situation der Nichtteilnahme Frankreichs an den Sitzungen des Rates wurde durch den »Luxemburger Kompromiß« überwunden; es war ein fauler Kompromiß, denn er postulierte das Einstimmigkeitsprinzip und räumte de facto allen Mitgliedsregierungen ein Vetorecht ein. Die beiden in den siebziger Jahren aufeinanderfolgenden Krisen wegen der Finanzbeiträge und Finanzrückflüsse Englands, einmal durch Harold Wilson, das andere Mal durch Margaret Thatcher ausgelöst, wurden durch finanzielle Zugeständnisse zu Lasten der übrigen Mitglieder behoben.

Als 1989/90 François Mitterrand und Margaret Thatcher versuchten, die Vereinigung der beiden deutschen Staaten zu verhindern, wurde der englische Widerstand entscheidend durch den amerikanischen Präsidenten Bush überwunden. Gegenüber Frankreich war Helmut Kohl so klug, den Eindruck zuzulassen, als ob er bereit sei, die Deutsche Mark und deren bisherige tatsächliche Führung des EWS zugunsten des gemeinsamen Euro »aufzuopfern«; tatsächlich war die gemeinsame Währung längst vorbereitet und wohl auch in Kohls Augen spruchreif.

Trotzdem kam es nicht nur in den einschlägigen Verhandlungen zum Maastrichter Vertrag, sondern selbst noch nach der deutschen Unterschrift durch nationalistisch gesinnte deutsche Politiker und Medien sowie durch die widerspenstig-starre Haltung der Bundesbank zu einer Krise zwischen Deutschen und Franzosen. Schließlich konnten sich Paris und Bonn auf den erfahrenen Holländer Wim Duisenberg als Präsidenten der neuen europäischen Notenbank und auf Frankfurt als deren Sitz einigen. Die auch danach noch weiter schwelende Vertrauenskrise wurde schließlich durch ein positives Urteil des Bundesverfassungsgerichts erledigt.

Viele andere Krisen des Integrationsprozesses lasse ich hier beiseite, einschließlich derjenigen Krisen, die sich aus den jeweils verschiedenen Einstellungen der englischen, der französischen und der deutschen Regierung gegenüber sicherheitspolitischen und militärischen Initiativen der USA ergeben haben; sie haben mehrfach den Fortschritt der Integration belastet. Die genannten Beispiele machen hinreichend deutlich, daß auch für die Zukunft Krisen innerhalb der EU zu erwarten sind. Sie werden ebenso wie in der Vergangenheit aus sehr verschiedenen Ursachen entstehen: aus echten Interessengegensätzen; aus vermeintlichen Interessengegensätzen; aus Gründen des nationalen Prestiges; aus Rücksichtnahme einer Regierung auf oppositionelle Stimmungen im eigenen Land; aus Gründen des persönlichen Prestiges, zum Beispiel, um sich vom Vorgänger im Regierungsamt abzusetzen.

Krisen zwischen den Organen der EU oder innerhalb

eines Organs können durch Kompromisse oder durch Rücktritte gelöst werden, wie zuletzt 1999 der geschlossene Rücktritt der Brüsseler Kommission gezeigt hat. Krisen zwischen einzelnen Mitgliedsstaaten können gelöst werden durch Vertagung oder durch Kompromiß, leider aber auch durch faulen Kompromiß zu Lasten der Zukunft. Wer im Einzelfall die Entstehung einer schweren Krise früh genug erkennt oder erahnt und sie durch rechtzeitige, undramatische Zugeständnisse entschärft oder umgeht oder wer eine tatsächliche Krise durch einen konstruktiven Kompromiß überwindet, der kann ein Staatsmann genannt werden – vorausgesetzt, daß er das große Ziel nicht aus den Augen verliert und nicht gefährdet.

Auch in diesem Punkt bleibt Jean Monnet ein Vorbild. Er hatte von Anfang an das strategische Ziel der politischen Union vor Augen. Er verfolgte von Anfang an das Ziel der Gleichheit und der Gleichberechtigung zwischen einem integrierten Europa und den USA. Er hat die gemeinsame Währung gewollt, lange bevor öffentlich über dieses Thema geredet wurde. Monnet war ein weit in die Zukunft blickender Mann. Aber er war vorsichtig und wollte keine schlafenden Hunde wecken; er glaubte an die geduldige Arbeit von Tag zu Tag und sprach wenig über die ferne Zukunft. Manche der von ihm postulierten Aufgaben sind inzwischen gelöst.

Der bisherige, weltgeschichtlich einmalige Erfolg der europäischen Integration beruht zum ersten und entscheidend auf der Einsicht der aufeinander folgenden führenden Staatsmänner, daß sie mit der Integration dem langfristigen strategischen Interesse ihrer eigenen Nation und ihres eigenen Staates dienen. Er beruht zweitens auf der Zustimmung ihrer Parlamente und Wähler, die für jeden größeren Schritt gewonnen werden müssen; dies ist nicht in allen Fällen gelungen. Wer jedoch als Amerikaner oder als Russe über das letzte halbe Jahrhundert zurückdenkt, als Pole oder als Spanier, als Franzose oder als Deutscher, der muß einräumen: Nicht im Traum hätte man sich damals den am Ende des 20. Jahrhunderts erreichten Stand der Europäischen Union vorgestellt. Wir Europäer haben deshalb Grund zum Stolz. Aber wir dürfen noch keineswegs zufrieden sein.

Weder Bundesstaat noch Staatenbund, sondern Union

Jean Monnet wollte das Einstimmigkeitsprinzip innerhalb der Union überwinden. Das ist bisher noch nicht ausreichend gelungen. Das Einstimmigkeitsprinzip hat einmal hundert Jahre lang in Polen gegolten: Jeder Abgeordnete hatte ein verfassungsmäßiges Vetorecht. Dieses *liberum veto* hat erfolgreich eine zügige Entschlußfassung verhindert. Alle demokratischen Verfassungen haben daraus die Konsequenz gezogen, für Entscheidungen und Gesetze lediglich Mehrheitsbeschlüsse vorzuschreiben und für grundlegende Entscheidungen qualifizierte Mehrheiten zu verlangen, nicht aber Einstimmigkeit. Die EU hat seit dem »Luxemburger Kompromiß« gleichwohl das Einstimmigkeitsprinzip zur heiligen Kuh gemacht, allerdings nicht für das Europäische Parlament, sondern nur für den Europäischen Rat (und für den Ministerrat). Es ist wiederholt vorgekommen, daß einzelne Politiker für ihr Land ein Veto angekündigt haben, um so durchzusetzen, daß auf ihren Standpunkt Rücksicht genommen wurde. In unzähligen

Fällen hat das Einstimmigkeitsprinzip langwierige Verhandlungen und komplizierte Kompromisse nötig gemacht.

Zu Beginn des Integrationsprozesses war die Montanunion eine Sache des Rates, das heißt der sechs Regierungen, während das Straßburger Parlament nur beratende Funktion hatte. Inzwischen sind zwar die Rechte des Parlaments erweitert worden, aber bisher hat das Parlament nur einmal wirklich Macht ausgeübt, nämlich als es 1999 den Rücktritt der Kommission unter ihrem Präsidenten Santer herbeiführte.

Im Alltag der EU sind nach wie vor der Rat (de facto: die Vielzahl von parallelen Ministerräten) – und jedes Jahr mindestens zweimal der Europäische Rat – sowie die EU-Kommission in Brüssel die tatsächlich entscheidenden Organe, nicht das Europäische Parlament. Die Abgeordneten des Parlaments sind durch direkte Volkswahl legitimiert, die Minister in den Räten lediglich durch den Auftrag ihrer Regierung; dennoch liegt in ihren Händen ungleich größere Macht. Insofern ähnelt die Machtstruktur der EU weder der parlamentarischen, aber zentralistischen Regierungsform in London noch dem zentralistischen Mischsystem, das in Paris herrscht und das auf einer Teilung der exekutiven Aufgaben und Befugnisse zwischen Präsident und Premierminister einerseits und andererseits auf den legislativen Befugnissen der Kammer beruht.

Das deutsche System unterscheidet sich in noch anderer Weise von der Struktur der EU. Bei uns ist das parlamentarische System dadurch eingeschränkt, daß der Bundesrat als Organ der sechzehn Bundesländer eine Gesetzgebung durch mehrheitlichen Einspruch beeinflussen und in bestimmten Fällen durch mehrheitliche Verweigerung sogar zu Fall bringen kann. Wenn man das deutsche System mit dem der EU vergleichen wollte, könnte man vielleicht sagen, in der EU regiere der Bundesrat, der zugleich die Gesetze mache, aber nicht allein durch mehrheitliche, sondern zum Teil nur durch einstimmige Beschlüsse.

Allerdings wird die Struktur der EU noch durch zwei zusätzliche Besonderheiten charakterisiert. Zum einen fühlen sich manche der Mitglieder der Brüsseler EU-Kommission bisweilen als die europäische Regierung und ihr Präsident als der europäische Regierungschef; entsprechend treten sie öffentlich und gegenüber Dritten auf. Zum anderen werden die recht häufigen Vertragsänderungen nicht innerhalb der Institutionen der EU ausgehandelt, sondern in »intergouvernementalen Konferenzen«; sie treten in Kraft nur durch Ratifikationsbeschlüsse der Parlamente in allen fünfzehn Mitgliedsstaaten, das heißt gegenwärtig durch übereinstimmenden Beschluß aller Mitgliedsstaaten.

Es liegt auf der Hand, daß dieses überkomplizierte System nicht ausreichend funktionstüchtig sein kann. Es war handhabbar, solange wir sechs Mitgliedsstaaten hatten; als es später neun wurden, traten zusätzliche Schwierigkeiten auf. Heute sind es fünfzehn Mitgliedsstaaten, und in Zukunft sollen es möglicherweise siebenundzwanzig werden. Es wird hohe Zeit, daß die in Maastricht und abermals in Amsterdam versäumten institutionellen Reformen zustande gebracht werden. Sie sollten einen Ausbau der Kompetenzen des Parlaments einschließen. Die entsprechenden Vertragsverhandlungen zwischen den Regierungen sind im Gange, ebenso eine öffentliche Debatte. Sofern die Verhandlungen nicht überfrachtet werden, könnte man wohl für das Jahr 2003 mit dem Abschluß der Ratifikationen rechnen.

Es gibt jedoch inzwischen in der öffentlichen Diskussion vielerlei zusätzliche Elemente. Dazu gehören beispielsweise der institutionelle Einbau der beabsichtigten gemeinsamen Außen- und Sicherheitspolitik; das Beschlußverfahren bei Aufnahme neuer Mitgliedsstaaten, die Neuaufteilung der Stimmgewichte für neue wie alte Mitgliedsstaaten; ein für alle Mitgliedsstaaten verbindlicher Grundrechtskatalog; eine definitive Zielsetzung für endgültige Aufgabe und Inhalt, endgültige Strukturen und Verfahren der EU (»Finalität«); eine vollständige »Verfassung« der EU. Manche dieser Themen können langfristig durchaus Bedeutung erlangen, sie sind aber gegenwärtig keineswegs beschlußreif. Insbesondere die Fragen nach der Finalität der EU und nach einer Verfassung stiften Verwirrung, führen zu Streit und Krisen und Zeitverlust. Dabei würde durch einen gemeinsamen Grundrechts- oder Menschenrechtskanon in der Sache nicht viel dazugewonnen, denn die Mitgliedsstaaten sind durch ihren Beitritt zur Europäischen Konvention zum Schutze der Menschenrechte und Grundfreiheiten von 1950 längst gebunden. Das Projekt einer darüber hinausgehenden »Verfassung« der EU würde grundsätzliche Bedenken und Emotionen auf vielen Seiten auslösen, zumal dann, wenn dabei die alternativen Begriffe Bundesstaat oder Staatenbund oder die Begriffe Föderalismus und Föderation ins Spiel gebracht werden – wozu besonders einige deutsche Politiker und Juristen neigen. Alle derartigen Begriffe sind durch ideologische Vorurteile politisch vielfältig vorbelastet, besonders in Frankreich und England.

Das Schlagwort von den »Vereinigten Staaten von Europa«, seit der Mitte des 19. Jahrhunderts vielfach in Gebrauch, reizt zum Vergleich der heutigen oder für die Zukunft erstrebten Machtstruktur der EU mit der Verfassung der Vereinigten Staaten von Amerika. Aber ein solcher Vergleich ist irreführend, er vergleicht Äpfel mit Birnen. Die dreizehn Gründungsstaaten der USA repräsentierten mitnichten dreizehn verschiedene Nationen; vielmehr sprachen alle *founding fathers* Englisch, die der Verfassung voraufgehende Diskussion in den *Federalist Papers* wurde in englischer Sprache geführt. Dagegen handelt es sich bei der europäischen Integration um eigenständige Nationen und Nationalstaaten, fast alle mit eigenständiger nationaler Sprache, mit jahrhundertelanger eigener Geschichte und mit spezifischen Traditionen. Die Verfassung und das politische System der USA wurden auf einem weitgehend homogenen kulturellen und gesellschaftlichen Nährboden errichtet (die Tatsache der Sklaverei im Süden war die wichtigste Ausnahme). Dagegen sind die völkerrechtlichen Verträge, die zur heutigen Europäischen Union geführt haben, zwischen durchaus heterogenen Partnern geschlossen worden.

Die in der amerikanischen Verfassung gefundene Balance zwischen den Aufgaben, den Rechten und dem politischen Gewicht der fünfzig Staaten einerseits und dem Zentralstaat in Gestalt von Präsident, beiden Häusern des Kongresses und Oberstem Gerichtshof andererseits hat sich im Laufe von zwei Jahrhunderten praktisch zugunsten Washingtons verschoben. In diesem Punkt ließe sich die Bundesrepublik dem Bundesstaat USA sehr wohl vergleichen.

Wer aber glaubt, in der EU ähnliche bundesstaatliche Strukturen mit übergewichtigen, entscheidenden Zentralinstanzen herstellen zu müssen, wird auf den unüberwindbaren Widerstand fast aller beteiligten Nationen stoßen. Nicht nur die Engländer, die Franzosen, die Spanier, die Dänen, sondern auch fast alle anderen der heutigen Mitglieder der EU würden tief verschreckt reagieren, ebenso die Polen, die Tschechen und so fort. Es ist deshalb psychologisch und politisch unklug, von den »Vereinigten Staaten von Europa« zu sprechen. Darüber hinaus aber ist gar nicht zu erkennen, warum und zu welchen Zwecken überhaupt eine derartige, den USA ähnliche bundesstaatliche Struktur angestrebt werden soll.

Der Begriff des Staatenbundes ist gleichfalls irreführend. Die europäische Geschichte hat verschiedene Arten von Staatenbünden erlebt. Keiner von ihnen hat etwa eine gemeinsame Agrar- oder Wettbewerbspolitik, eine gemeinsame Währungs- oder Außenpolitik betrieben oder auch nur angestrebt. Wir müssen erkennen: Die Europäische Union ist etwas ganz Neues, das sich von allen vorhergehenden Modellen wesentlich unterscheidet. Wenn die Staatsrechtler und die Staatsphilosophen dafür keinen neuen Begriff erfunden haben, so liegt darin kein Schaden – der Name Europäische Union reicht völlig aus.

Entscheidend ist, daß eine funktionstüchtige Balance gewahrt bleibt zwischen den Obliegenheiten, den Rechten und dem politischen Gewicht der Nationalstaaten einerseits und andererseits den für die Selbstbehauptung Europas notwendigen Zuständigkeiten der Unionsorgane. Die Tendenzen zum Zentralismus, an denen alle Organe der EU mitschuldig sind, laufen der Wahrung der Balance in gefährlichem Umfang zuwider. Sie verletzen auch in flagranter Weise das im Unionsvertrag nachträglich postulierte Prinzip der Subsidiarität.

Subsidiarität bedeutet: Nur das soll von den Organen der EU geregelt werden, was die Nationalstaaten nicht selbst entscheiden oder regeln können, ohne dabei die den Organen der EU ausdrücklich zugewiesenen Aufgaben zu gefährden. Subsidiär heißt auf deutsch hilfsweise. Nur hilfsweise sollen die Organe der EU eingreifen. Tatsächlich aber verstoßen sie fast täglich mit Verordnungen und Richtlinien gegen das Subsidiaritätsprinzip, vom Umweltschutz bis zum wirtschaftlichen Aufbau in den neuen Bundesländern.

Wahrscheinlich gibt es in ganz Europa keine Stadt und keinen Landkreis, wo sich die EU nicht mit Hilfe von Subventionen in die Entwicklung einmischt. Deshalb wird es zu einer wichtigen Aufgabe des Europäischen Rates (das heißt der Staats- und Regierungschefs) und des kontrollierenden Europäischen Parlaments werden, auf die Einhaltung des Subsidiaritätsprinzips zu achten. Von der Kommission und von den Ministerräten ist Disziplin dagegen kaum zu erhoffen. Eine sorgfältigere Abgrenzung und Eingrenzung der Zuständigkeiten der Kommission wäre eine Wohltat.

An dieser Stelle scheint mir ein kleiner Exkurs über das Sprachenproblem in der Gemeinschaft angebracht. Die Mehrheit der europäischen Völker hat sich seit der Völkerwanderung vor anderthalb Jahrtausenden entwickelt, indem sie sich in ihren Sitten und Gebräuchen, ihren Herrschaftsformen und nicht zuletzt in ihren Sprachen voneinander abgrenzten. Seit sie zu schreiben und zu lesen gelernt haben, haben sie alle ihre eigene Geschichte aufgezeichnet, eine eigene Literatur hervorgebracht und sich eine eigene Überlieferung geschaffen. Sie haben sich dabei zwar gegenseitig beeinflußt und auf dem kleinen europäischen Kontinent ein einmaliges kulturelles Mosaik hervorgebracht. Aber indem fast jedes Volk seine eigene Sprache entfaltet hat, ist die Muttersprache in Europa zum hervorstechenden, wichtigsten Unterscheidungsmerkmal geworden: Wer von Kind auf Finnisch spricht, der empfindet sich und gilt als Finne, wer Italienisch spricht, ist Italiener, wer Polnisch spricht, ist Pole.

Eine gemeinsame europäische Sprache hat es in der Geschichte nie gegeben. Lediglich eine sehr schmale Oberschicht hat zu Zeiten des Imperium Romanum Lateinisch verstanden. Später ist das Lateinische in der Kirche sowie in Philosophie und Wissenschaft eine gemeinsame Sprache gewesen, aber die Volksmassen – und die meisten Regierenden – haben nur ihre Muttersprache gesprochen und verstanden.

Heute gibt es in den fünfzehn Mitgliedsstaaten der EU zwölf verschiedene nationale Sprachen (Irland hat zwei offizielle Sprachen, Englisch und Gälisch; außerdem gibt es eine größere Zahl nur regional verbreiteter Sprachen verschiedener nationaler Minderheiten). Belgien, Luxemburg und Österreich sind Ausnahmen. In jedem der anderen zwölf Staaten möchten viele am liebsten, daß ihre Minister und Diplomaten in den Gremien der EU und in Verhandlungen mit anderen Regierungen die eigene Sprache benutzen. Wenn aber in einer Sitzung mit zwölf Teilnehmern jeder mindestens einmal das Wort ergreift (und oft genug mehrfach), dann entsteht durch die Übersetzung in die anderen Sprachen ein ungeheures Zeitproblem.

Man hat es in der heutigen Praxis dadurch gelöst, daß die meisten Teilnehmer nicht dem Redner zuhören, sondern mittels Kopfhörer einem Dolmetscher lauschen, der die Worte des Redners mit geringer zeitlicher Verzögerung in die eigene Sprache übersetzt. Man nennt das Simultandolmetschen, im Gegensatz zum konsekutiven Dolmetschen, bei dem der Redner sich nach jedem Absatz unterbricht, um dem Dolmetscher Zeit zur Übersetzung zu geben. Konsekutive Übersetzung verbraucht doppelt soviel Zeit wie simultane Übersetzung. Dafür ist die erstere aber sehr viel genauer, bei der simultanen Übersetzung gehen bis zu zwanzig Prozent der Substanz und viele Untertöne und Nuancen verloren (obgleich manche der vornehmlich weiblichen Simultan-Dolmetscher wahre Meisterleistungen vollbringen).

Es ist offenkundig, daß das Übersetzungsproblem zügige Verhandlungen erschwert. Weil schriftliche Vorlagen und Dokumente in jedem Fall in Schriftform übersetzt werden müssen, macht das Sprachenproblem in der EU einen gewaltigen Personalaufwand nötig und kostet unendlich viel Zeit. Außerdem gefährdet es die Unmittelbarkeit des Gesprächs und leistet Mißverständnissen Vorschub. Auch aus diesem Grund haben die Diplomaten sich im 19. Jahrhundert gemeinsam der französischen Sprache bedient; aber diese Epoche ist längst vergangen.

In der EU gelten offiziell zur Zeit elf nationale Sprachen der Mitgliedsstaaten als Amtssprachen (das Irische gilt vor dem Gerichtshof als Verfahrenssprache). Alle Dokumente müssen in alle Amtssprachen übersetzt werden. Daneben haben sich informell Deutsch, Englisch und Französisch als Arbeitssprachen eingebürgert. Im schriftlichen Verkehr werden diese Regeln eingehalten; im persönlichen Gespräch dagegen setzt sich das Englische immer mehr durch. Es ist weltweit zur vorherrschenden Arbeitssprache im internationalen Verkehr geworden, und das Internet wird diese Dominanz in Zukunft noch verstärken.

Ein Minister, der nicht fließend Englisch spricht, ist für die Arbeit innerhalb der EU kaum noch zu gebrauchen; besser wäre es natürlich, er beherrschte außerdem mindestens das Französische. Diese Forderung wird um so mehr gelten, wenn die Sprachenvielfalt innerhalb der EU sich in den nächsten Jahren um weitere Nationalsprachen vermehren wird. Wahrscheinlich wird es eines nicht allzu fernen Tages zuverlässige simultane Übersetzungscomputer geben. Leider ist es ebenso wahrscheinlich, daß auch dann noch einige Politiker meinen werden, es bräche ihnen ein Zacken aus der Krone, wenn sie nicht in ihrer eigenen Sprache verhandeln.

In diesem Zusammenhang darf ich erwähnen, daß ich als Minister oder als Kanzler sowohl im europäischen Rahmen als auch in Peking, Tokio oder Washington um der Klarheit der Verständigung willen immer Englisch gesprochen habe und daß diese Praxis weder dem Prestige Deutschlands geschadet hat noch mir im eigenen Lande verübelt worden ist – eher im Gegenteil. Auch die Franzosen, ob Valéry Giscard d'Estaing oder Jacques Delors, ob Michel Debré oder Raymond Barre, ob François Mitterrand oder Jacques Chirac, haben im Gespräch mit mir stets die englische Sprache benutzt. Sie hatten in dieser Hinsicht keine Hemmungen, obgleich sie alle mehr oder weniger unter dem nachwirkenden politischen Einfluß de Gaulles standen.

Das Sprachenproblem stellt nicht bloß ein technisches Dilemma dar. Darin kommt auch ein Grundproblem der EU zum Ausdruck. Tatsächlich will keine der unierten Nationen ihre eigene Sprache aufgeben. Sie darf dies auch nicht – bei Strafe der Beschädigung ihrer kulturellen Identität. Es bleibt für alle Mitgliedsstaaten der EU ein Grundproblem, die eigene Identität zu wahren und zu pflegen und zugleich – wegen der strategischen Vorteile – sich in die Union zu integrieren. Die Franzosen haben dieses Problem bisher weit besser bewältigt als etwa die Engländer. Wir Deutschen als total besiegte und geteilte Nation hatten es im Vergleich dazu leicht.

Nationale Identität und transnationale Integration

Im Laufe der Geschichte sind manche Staaten in Europa untergegangen. Viele Grenzen wurden mit Gewalt oder aufgrund von Verträgen verschoben; dadurch wurden immer wieder Menschen gegen ihren Willen einem anderen Staat einverleibt. Als die Mehrheit der deutschen Staaten – nach dem Wiener Kongreß hatte es deren 39 gegeben – 1871 im Deutschen Reich vereinigt wurden, waren fast alle Bürger, wenngleich ungefragt, mit diesem Schritt einverstanden. Das war kein Wunder, denn sie gehörten der gleichen Nation an und wünschten sich den deutschen Nationalstaat schon lange. Ebenso war es 1990 bei der Vereinigung der beiden deutschen Nachkriegsstaaten.

Etwas völlig anderes ist dagegen der freiwillige Beitritt eines souveränen Nationalstaates zur Europäischen Union. Der Beitritt bedeutet einen Verzicht auf erhebliche Teile der Souveränität. Dieser Verzicht fällt vielen Europäern schwer. Deshalb gibt es in jedem Mitgliedsstaat oppositionelle Kräfte, die den Beitritt zur EU entweder grundsätzlich mißbilligen oder doch einzelne Integrationsfortschritte ablehnen, so zum Beispiel die Übertragung von souveränen Rechten an das Europäische Parlament oder auch die Einführung der gemeinsamen Währung.

Unter den heutigen Mitgliedsstaaten sind diese Hemmungen am stärksten ausgeprägt bei den Engländern, auch bei den Schweden und Dänen spielen sie eine große Rolle. Wer die englische Geschichte kennt, kann sich darüber nicht wundern. Die Insellage hat das Land seit dem Jahre 1066 vor fremden Soldaten bewahrt. Zwar hat es einen »hundertjährigen Krieg« mit Frankreich gegeben; zwar hat England bei Waterloo mit den Preußen gegen die Franzosen unter Napoleon gekämpft und hundert Jahre später in zwei Weltkriegen mit den Franzosen gegen die Deutschen; zwar hat England viele Seekriege geführt, gegen Spanien, gegen Holland, gegen Dänemark, und viele Kolonialkriege. Aber weil das Inselvolk keinen übermächtigen Nachbarn hat und keine Invasionen fürchten muß, konnten die Engländer – vor dem Hintergrund des über den ganzen Erdball reichenden British Empire – weitgehend ungestört ihre eigenen Regierungsformen, Gesellschafts- und Wirtschaftsstrukturen entwickeln. Sie haben als erste eine parlamentarische Demokratie etabliert; sie gehörten zu den ersten, die Grundrechte für die einzelne Person formuliert haben; und sie waren die erste Industrienation der Welt. Auf dem europäischen Kontinent genügte ihnen eine Politik der Aufrechterhaltung des Gleichgewichts zwischen den Mächten, auf daß keine von ihnen übermächtig und gefährlich für Englands Interessen werden konnte.

Der Entschluß Harold Macmillans, der Europäischen Wirtschafts-Gemeinschaft beizutreten, ein Jahrzehnt nach dem Schuman-Plan, erfolgte nicht primär um der strategischen Prinzipien willen, die damals (und heute) der europäischen Integration zugrunde lagen, sondern er entsprang der Besorgnis, der englische Einfluß auf die europäischen Entwicklungen könnte verlorengehen. Man wollte mitreden können, um unerwünschte Entwicklungen zu verhindern, nicht aber, um die europäische Integration voranzutreiben. Seit dem 1973 erfolgten Beitritt hat England sämtliche Erweiterungen der Befugnisse der EU-Organe stets negativ begleitet. Dabei spielte der mehrfache Regierungswechsel zwischen der konservativen Partei und der Labour Party keine Rolle, denn die Grundattitüde sowohl der politischen Klasse als auch der überwiegenden Mehrheit des Volkes war und ist retardierend bis ablehnend. Einzelne herausragende, proeuropäisch gesinnte Politiker wie Edward Heath oder Roy Jenkins sind nur die Ausnahme, die die Regel bestätigt.

Man kann nicht damit rechnen, daß in dieser Haltung eine grundsätzliche Änderung eintritt. London wird auch in Zukunft ein Bremser der Integration bleiben; es wird den Beitritt möglichst vieler neuer Mitgliedsstaaten begrüßen, weil man sich davon eine Verzögerung, wenn nicht Verwässerung des Integrationsprozesses verspricht. Vermutlich wird London auch in Zukunft immer erst in letzter Minute auf den europäischen Zug aufspringen, zum Beispiel dann, wenn eine gemeinsame Führung Europas durch Paris und Berlin zu erwarten wäre.

Für mich selbst bedeutete diese Einsicht eine tiefe Enttäuschung, denn infolge meiner hanseatischen Erziehung, aufgrund meiner Bewunderung für die Qualitäten und die geschichtlichen Leistungen der Engländer und nicht zuletzt wegen meiner inneren Zustimmung zu ihrem politischen

Pragmatismus hatte ich mir lange Zeit eine erfolgreiche Europäische Gemeinschaft nicht ohne England vorstellen können. Im Laufe der sechziger Jahre begriff ich diese Vorstellung als Illusion.

Daraus entwickelte sich meine Option für engste deutsch-französische Zusammenarbeit. Sie entsprang meiner Überzeugung von Deutschlands strategischem Interesse am Fortschritt der Integration. Im Laufe der Jahre habe ich dann Frankreichs Traditionen verstehen gelernt. Und es hat sich eine Reihe persönlicher Freundschaften mit Franzosen entwickelt, für die ich dankbar bin.

Der große Franzose Charles de Gaulle, der seiner Nation die hohe Selbstachtung wiederverschafft hat, die sie in Teilen nach 1940 zunächst verloren hatte, war gemäß seinem Verständnis von der Bedeutung und der Weltmachtrolle Frankreichs keineswegs ein engagierter Anhänger der europäischen Integration. Sein Wunsch, Deutschland an Frankreich zu binden, war jedoch genuin, deshalb 1963 der Elysée-Vertrag. Die Souveränität und die Unabhängigkeit Frankreichs standen ihm weit höher als die Europäische Gemeinschaft; seine Ablehnung des englischen Beitritts war begründet in der Sorge, angesichts der engen Anlehnung Englands an die USA würde die Gemeinschaft und also auch Frankreich dadurch indirekt unerwünschtem amerikanischem Einfluß ausgesetzt werden. De Gaulle hat in den sechziger Jahren die NATO und auch die EWG in manche Krise gestürzt.

De Gaulles spätere Nachfolger Giscard d'Estaing und Mitterrand haben die überzogenen Positionen wesentlich gemildert; schon Pompidou hatte in bezug auf England damit begonnen, die Bündnispolitik und die militärische

Strategie des Generals insgesamt aber nicht angetastet. Giscard d'Estaing war der erste französische Präsident, der die Vorstellung von einer dauerhaften Überlegenheit Frankreichs über Deutschland beiseite geschoben hat. Er hat das strategische Interesse Frankreichs an der dauerhaften Einbindung Deutschlands klar bejaht, aber ebenso klar erkannt, daß sie nur möglich bleibt bei ebenso dauerhafter Einbindung Frankreichs in die europäische Integration.

Inzwischen wird diese Einsicht von der politischen Klasse Frankreichs mehrheitlich geteilt, und die Franzosen insgesamt neigen ihr gefühlsmäßig zu. Freilich gibt es von Zeit zu Zeit emotionale Rückfälle, vor allem bei Intellektuellen links wie rechts – ähnlich wie bei uns. Auch Mitterrand hatte 1989/90 angesichts der bevorstehenden Wiedervereinigung einen vorübergehenden Rückfall. (Wenige Jahre später erfolgte ein deutscher Rückfall in Gestalt eines weitverbreiteten Währungsnationalismus.)

Alles in allem darf man heute von einer positiven Haltung der Franzosen sprechen, wenn es um den Fortschritt der EU geht. Der französische Nationalismus hat sich wesentlich auf die Kultur im engeren Sinne konzentriert: Philosophie, Literatur, Musik, Film. Das schließt allerdings keineswegs aus, daß Frankreich bei allen Verhandlungen innerhalb der EU und zwischen den Regierungen der Mitgliedsstaaten auch in Zukunft energisch seine Interessen vertreten wird.

Interessen sind rational erkennbar, gegenseitiger Interessenausgleich ist kalkulierbar. Ihn für die öffentliche Meinung in den EU-Mitgliedsstaaten durchsichtig, verständlich und annehmbar zu machen ist mindestens ebenso wichtig wie wiederholte feierliche Freundschaftsbeteuerungen. Die Entwicklung der letzten fünfzig Jahre gibt Grund zu der Annahme, daß die Ratio seiner strategischen Interessen Frankreich zu einer treibenden Kraft der europäischen Integration machen wird – so wie schon zu Zeiten von Robert Schuman und Jean Monnet.

Unter den sechs ursprünglichen Gründerstaaten der EU sind wohl die Holländer diejenigen, die sich am eindeutigsten für die europäische Integration einsetzen. Die Regierungen in Den Haag, gleich welcher Partei, und auch das Königshaus konnten und können sich dabei auf eine weithin positiv gestimmte öffentliche Meinung stützen. Dabei spielt das strategische Interesse Hollands an der Einbindung des mächtigen Nachbarn Deutschland stillschweigend eine wichtige Rolle. Holland hat zwei Nachbarn, neben Deutschland nur noch Belgien – und außerdem die aggressive Nordsee. Mit der See sind die Holländer als hervorragende Wasserbauer jahrhundertelang immer gut fertig geworden. Belgien stellte niemals eine Gefahr dar. Nachdem man gemeinsam die Spanier und die Habsburger losgeworden war, blieb Deutschland der einzige übermächtige Nachbar.

Ähnlich wie die meisten Franzosen bezüglich Vietnams verdrängen die meisten Holländer in ihrem historischen Bewußtsein gern den eigenen Krieg in Indonesien; die Besetzung durch Nazi-Deutschland und die damaligen Verbrechen sind jedoch sehr gegenwärtig – weniger dagegen die Tatsache der Kollaboration. Dies alles ist psychologisch leicht zu verstehen.

Die Holländer haben sehr früh das Prinzip des gemeinsamen ökonomischen Vorteils erkannt und den gemeinsamen

Markt von Anfang an zielstrebig und erfolgreich genutzt. So sind zum Beispiel holländische Direktinvestitionen in Deutschland außerordentlich erfolgreich. Holland hat von Anfang an konstruktiv zum Integrationsfortschritt beigetragen. Das wird auch in Zukunft kaum anders sein. Die sehr leistungsfähige holländische Wirtschaft ist längst voll globalisiert; deswegen liegt den Holländern das Prinzip der gemeinsamen Selbstbehauptung sehr nahe. Innerhalb der EU streiten sie zäh für ihre wirtschaftlichen Interessen; dabei neigen sie zu starker Betonung rechtlicher und moralischer Positionen (auch die holländischen Katholiken sind moralisch de facto Calvinisten) und sind im diplomatischen Umgang nicht ganz so geschmeidig wie etwa die Franzosen. Bei Konferenzen der EU verhalten sie sich allerdings meist sehr rational. Regierungswechsel in Den Haag und selbst größere innenpolitische Ereignisse führen kaum jemals zu Positionswechseln innerhalb der EU. Wahrscheinlich darf man sagen: Unter dem Gesichtspunkt der Fortschrittsinteressen der EU sind die Holländer nahezu ideale Europäer.

Abgesehen von dem imposanten Aufschwung, den insbesondere Irland und Spanien infolge ihres relativ späten Eintritts in die Gemeinschaft erlebt haben, scheinen mir Belgien und Luxemburg von der Entfaltung der EU besonders profitiert zu haben; Luxemburg vornehmlich als beschäftigungs- und einkommensträchtiges Zentrum der privaten Vermögensverwaltung. Brüssel hat als Sitz der EU-Kommission – und der NATO – nicht nur viele Arbeitsplätze gewonnen, sondern vor allem auch den Rang und die Bedeutung einer – wenn auch unerklärten – Hauptstadt der EU errungen und durch diese Funktion zur Kohäsion des zwischen Flamen und Wallonen ziemlich zerstrittenen Landes beigetragen. Alle drei Benelux-Staaten waren von Anfang an aktive Teilnehmer der Integration; sie werden dies auch bleiben.

Ein ähnlich positives Urteil wie das über die Holländer wäre über die Deutschen nicht gerechtfertigt. Zwar haben alle bisherigen sieben Bundeskanzler und ihre Regierungen sämtliche Grundprinzipien bejaht, die der Entfaltung der europäischen Integration zugrunde liegen, und die Nation als Ganze ist eindeutig proeuropäisch orientiert. Aber in der öffentlichen Meinung, in den Medien, auch in der politischen Klasse hat es des öfteren auch ausgeprägt negative Attitüden gegeben. So zu Beginn ganz allgemein auf seiten der Sozialdemokratie aus dem illusionären Motiv, die Wiedervereinigung müsse Vorrang haben, aber auch aus einer antikapitalistischen Grundhaltung. Später kamen Widerstände von Wirtschaftsminister Erhard, der aus wettbewerbspolitischen, nahezu wettbewerbsideologischen Gründen die Römischen Verträge ablehnte. In den sechziger Jahren waren sich die Christdemokraten untereinander uneins darüber, ob nicht der Zusammenarbeit mit den USA Priorität gebühre.

Emotionalität kam besonders vor und nach dem Maastrichter Vertrag zum Durchbruch. Wenn es damals in Deutschland eine Volksabstimmung über die Ersetzung der D-Mark durch den Euro gegeben hätte, wäre die gemeinsame Währung vermutlich nicht zustande gekommen. Weil tendenziell ohnehin ein schleichender Kompetenzverlust der Bundesländer zugunsten der Bundesinstanzen zu verzeichnen ist, befürchteten außerdem die Landespolitiker vom integrativen Fortschritt der EU zusätzliche Einbußen.

Deshalb kam es 1992 zu einer Grundgesetzergänzung, die den Bundesländern weitreichende Mitwirkungsrechte in Angelegenheiten der EU einräumt; in der Folge können deshalb von Deutschland als Verhandlungspartner leider zusätzliche Schwierigkeiten in der EU ausgehen.

Andererseits war die Bundesrepublik oft genug bereit, überproportionale finanzwirtschaftliche Leistungen (»Netto-Beiträge«) zugunsten der EU zu akzeptieren, besonders unter Adenauer und unter Kohl, zum Ärger ihrer jeweiligen Finanzminister. Angesichts der noch für viele Jahre notwendigen besonderen Finanzleistungen der Bundesrepublik zugunsten der östlichen Bundesländer muß zukünftig mit größerer Zurückhaltung Deutschlands gerechnet werden.

Solche Zurückhaltung wäre gewiß kein Verstoß gegen den Geist der Integration; sie wird jedoch die aus Anlaß des Beitritts neuer Mitgliedsstaaten notwendigen, ohnehin sehr schwierigen Verhandlungen über zukünftige Budgets der EU nicht gerade erleichtern; besonders die Dotierung der Agrar- und Strukturfonds, die Anteile der aus ihnen alimentierten Empfängerstaaten und vor allem die Finanzierung der Budgets durch die Beiträge der Mitgliedsstaaten werden zum Teil heftige Kontroversen auslösen. Deutschlands finanzielle Leistungsfähigkeit wird in anderen Mitgliedsstaaten tendenziell etwas überschätzt. Deshalb bedarf es geduldiger, rationaler Argumentation.

Dabei werden die Regierenden in Berlin und die sie tragende Koalition ebenso wie die Opposition sich vor Emotionen hüten müssen. Die Deutschen dürfen nicht vergessen, daß sie allein schon wegen ihrer Bevölkerungszahl, wegen der Größe ihrer Volkswirtschaft und der Marktmacht der deutschen Großunternehmen von den übrigen

Partnern kritisch beobachtet werden – zu schweigen von den geschichtlich begründeten Urteilen und Vorurteilen über uns Deutsche. Der Umzug aus der kleinen Stadt Bonn am linken Rheinufer nach Berlin war geboten und zwangsläufig. Manche Menschen in Europa verbinden den Namen Berlin mit Erinnerungen an Großmannssucht und deshalb mit Besorgnissen; daran sind fast alle heute lebenden Deutschen und jedenfalls die heute Regierenden schuldlos. Aber sie sind verantwortlich dafür, daß Aufschneider und Angeber bei uns keinen Raum finden und daß sich Besorgnisse als grundlos erweisen.

Die Italiener, historisch weniger befrachtet als wir Deutschen, haben sich von Anfang an zielbewußt an der europäischen Integration beteiligt. Sie haben, ähnlich wie wir Deutschen, erst sehr spät ihren Nationalstaat errichten können; anders als in Deutschland reichen die Wurzeln der italienischen Kultur aber mehr als zweitausend Jahre zurück. Die italienische Wirtschaft ist modern und leistungsfähig. Dank hervorragender Unternehmer, besonders unter den engagierten mittelständischen Industriellen, die bewußt die Chancen des gemeinsamen Marktes nutzen, hat das italienische Sozialprodukt pro Kopf schon lange dasjenige Englands eingeholt und zeitweise sogar überholt. Überheblichkeit gegenüber der italienischen Wirtschaft, wie sie zeitweise von der Deutschen Bundesbank öffentlich hörbar gepflegt wurde, entbehrt jeder Grundlage. Die politische und ökonomische Rückständigkeit des Mezzogiorno ist zwar ein gewichtiges Handicap, es mag bis zu ihrer Überwindung auch noch viel Zeit vergehen; aber der italienische Süden und Sizilien sind keine größeren Probleme für Italien als etwa die ökonomische Rückständigkeit der östlichen Bundesländer für Deutschland. Man sollte sich über den EU-Partner Italien keine Sorgen machen.

Frankreich, Deutschland, Italien und die Benelux-Staaten haben in den fünfziger und sechziger Jahren gemeinsam die Montanunion, den gemeinsamen Markt und die Europäische Gemeinschaft ins Werk gesetzt und entfaltet. Wer bedenkt, wie unterschiedlich die geschichtlich gewachsenen – und im Falle Deutschlands gestörten, weil geteilten – Strukturen in diesen sechs Ländern waren und zum Teil heute noch sind, wie verschieden das kulturelle Erbe, wie ungleich die Lage der Sieger und der Verlierer nach Hitlers Krieg gewesen ist, der darf das zur Jahrhundertwende erreichte Zwischenergebnis bewundern – bei aller Unvollkommenheit.

Die nationale Identität ist und bleibt in allen europäischen Völkern ein sehr hoher Wert. Deshalb ist das zähe Festhalten am Eigenen, oft schwer genug und unter Opfern durch die Vorfahren errungen, nur allzu natürlich. Daraus ergeben sich bei jedem Schritt der Integration, vor jedem Beitritt eines neuen Mitgliedsstaates, ja fast täglich Hemmnisse und Widerstände. Sie zu überwinden braucht Zeit – und Geduld. So wird es auch in Zukunft sein, nicht zuletzt beim Eintritt und der Anpassung derjenigen Staaten, die nach Jahrzehnten kommunistischer Herrschaft demnächst hinzukommen werden.

Die neuen Mitgliedsstaaten

Seit dem Maastrichter Vertrag haben einige Regierungschefs und Minister der EU-Mitgliedsstaaten und einige Sprecher der EU-Kommission durch vielerlei öffentliche Reden den Eindruck erweckt, als ob die Erweiterung um zwölf neue Mitgliedsstaaten und damit die »Vollendung« der Europäischen Union unmittelbar bevorstehe. Vor allem hat der Europäische Rat durch seine Beschlüsse die Absicht der schnellen Aufnahme von zwölf neuen Mitgliedsstaaten bekundet. Er hat damit in diesen Staaten große Erwartungen geweckt.

Notwendigerweise wurde aber auch eine längere Reihe von Bedingungen gestellt, die ein neu beitretender Staat im Vorwege erfüllen soll; sie erscheinen auf den ersten Blick als selbstverständlich, sind aber in vielen Fällen nicht leicht zu erfüllen. Die Forderung nach institutioneller Garantie demokratischer und rechtsstaatlicher Stabilität zum Beispiel schließt ausdrücklich den Schutz von Minderheiten ein. Einige der Beitrittskandidaten beherbergen aber in ihren Staatsgrenzen umfangreiche nationale Minderheiten, die bis zu einem Viertel und sogar mehr als ein Drittel der Bevölkerung stellen. Auf dem Papier mag die Garantie ihrer Rechte relativ leicht zu geben sein, die Praxis sieht aber oft ganz anders aus.

Die Bedingung, daß die Marktwirtschaft des Beitrittskandidaten funktionstüchtig zu sein hat, um »dem Wettbewerbsdruck innerhalb der EU standzuhalten«, kann in ihrer Pauschalität selbst nach einer Reihe von Jahren nur von wenigen Ländern erfüllt werden; die meisten werden dauerhaft auf finanzielle Hilfen der EU angewiesen bleiben.

Diese müssen aber *vor* dem Beitritt ausgehandelt sein. Damit rücken die agrar- und strukturpolitischen Fonds der EU und das Finanzsystem der EU als Ganzes in den Vordergrund der Beitrittsverhandlungen.

Neben den Finanz- und Budgetfragen müssen mit jedem der Beitrittskandidaten dreißig(!) weitere Fachgebiete ausgehandelt werden. Es kann niemanden verwundern, daß zum Beispiel die Verhandlungen im Bereich der Agrarpolitik und der Finanzen im Sommer des Jahres 2000 noch mit keinem der Kandidaten begonnen hatten. Jacques Delors hat kürzlich bemerkt, daß die neu beitretenden Staaten, die den bisherigen Regelungsbestand der EU übernehmen müssen *(acquis communitaire)*, es mit 80 000 Blatt bedrucktem Papier zu tun haben. Kein Staat kann sich über Nacht einen solchen Bestand zu eigen machen und ihn in die Wirklichkeit übertragen; deshalb müssen zum Teil sehr lange Übergangszeiträume ausgehandelt werden.

Der Europäische Rat hat die beitrittswilligen Staaten in zwei Gruppen eingeteilt. Die erste Gruppe besteht aus Polen, Ungarn, der Tschechischen Republik, Estland, Slowenien und Zypern; mit diesen sechs Staaten sind Beitrittsverhandlungen seit einiger Zeit im Gange. Seit Beginn des neuen Jahrhunderts wird auch mit den Staaten der zweiten Gruppe verhandelt. Dabei zeigt sich, daß eine Reihe von politischen Führungspersonen in den ehemals unter Moskauer Ägide zwangswirtschaftlich organisierten Staaten die ökonomischen Anpassungsprobleme bislang grob unterschätzt hat, die ihren Bürgern, ihren Landwirten, ihren Arbeitnehmern und ihren Unternehmungen aller Art bevorstehen.

Die Regierung Kohl hatte 1990 in ähnlicher Weise die

ökonomischen und sozialen Anpassungsprobleme des Zusammenschlusses der beiden deutschen Staaten unterschätzt. Nur sehr wenige Unternehmen der alten DDR waren auf dem gemeinsamen Markt wettbewerbsfähig. Das Dilemma konnte durch enorme westdeutsche Finanztransfers erleichtert werden, diese haben jedoch Enttäuschungen nicht verhindern können. Für die etwa siebzig Millionen Bürger der sechs Staaten der ersten Beitrittsgruppe stehen nicht entfernt gleich hohe Finanztransfers aus dem Westen zur Verfügung wie jedes Jahr für fünfzehn Millionen Bürger der ehemaligen DDR. Es wird deshalb zu erheblichen Enttäuschungen kommen, besonders auch wegen der zu erwartenden zusätzlichen Arbeitslosigkeit.

Zum Teil sind die Enttäuschungen schon deutlich erkennbar. Sowohl die vielen Wortführer auf seiten der EU und ihrer Mitgliedsregierungen als auch die politischen Wortführer auf seiten der ehemals kommunistisch regierten Staaten im Osten Mitteleuropas haben es weitgehend versäumt, der Öffentlichkeit ein realistisches Bild zu vermitteln. Jetzt ziehen sich die Beitrittsverhandlungen in die Länge, weil die Probleme zwangsläufig konkret und nicht mehr allein visionär behandelt werden.

Im Gegensatz zu mancherlei öffentlich genannten Daten erwarte ich, daß die ersten definitiven Beitrittsakte von Staaten aus der ersten Gruppe frühestens im Jahre 2005 tatsächlich wirksam werden. Aus früheren Beitrittsprozeduren wissen wir, daß für die komplizierten Anpassungsverhandlungen viel Zeit nötig sein wird. Je realistischer heute über die Finanz-, Agrar- und Strukturprobleme öffentlich geredet wird, um so geringer werden später die Enttäuschungen sein. Dabei darf niemand einen Zweifel daran aufkommen lassen, daß der Beitritt von ehemals kommunistisch unterjochten Staaten ihren Bürgern längerfristig einen großen Gewinn an Stabilität, an Sicherheit und Wohlstand bringen wird, den sie einzeln und auf sich gestellt schwerlich erreichen können.

Es werden also noch einige Jahre vergehen, bis die ersten der Beitrittskandidaten sich für die Aufnahme in die EU ausreichend vorbereitet haben werden. Bis zu diesem Zeitpunkt muß aber die heutige EU sich selbst aufnahmefähig machen! Bis dahin müssen die inneren Reformen der Organe der EU ausgehandelt, in Vertragsform gebracht und sodann von den fünfzehn nationalen Parlamenten ratifiziert sein. *Nach* der Erweiterung würde die Reform viel schwieriger werden. Möglicherweise würde sie sogar auf lange Zeit verschoben werden, weil nicht alle Parlamente der Beitrittsstaaten es einsehen, daß sie kurze Zeit nach Ratifizierung ihres Beitritts zur EU einen zweiten Vertrag ratifizieren sollen, der wichtige Teile der Grundlagen des Beitrittsvertrages wieder aufhebt oder verändert. Dies gilt ganz besonders für die in ihrem nationalen Stolz empfindliche polnische Nation.

Die Polen haben sich politisch und kulturell immer als zu Westeuropa gehörig empfunden. Der Beitritt der Polen zur Europäischen Union erscheint mir – politisch und psychologisch – als der wichtigste von allen; nicht nur, weil Polen mit vierzig Millionen Menschen der bei weitem größte und gewichtigste Staat im Osten Mitteleuropas ist, sondern vor allem deshalb, weil die Polen im Laufe der letzten zweieinhalb Jahrhunderte ohne eigene Schuld mehr gelitten haben als alle anderen europäischen Nationen. Sie müssen sich endlich als gleichberechtigte und gleichgesicherte Nation fühlen können. Als Deutscher darf man hinzufügen: Und weil Polen – nächst Frankreich – unser wichtigster Nachbar ist. Es wäre ein schwerer Fehler, wenn Polen nicht unter den allerersten Staaten sein würde, die im ersten Jahrzehnt des neuen Jahrhunderts der Europäischen Union beitreten werden.

Allerdings hat Polen besonders große Schwierigkeiten der Anpassung vor sich. Zwar werden die Polen die politischen Anforderungen bezüglich ihrer demokratischen Institutionen, ihrer Rechtsstaatlichkeit und des Minderheitenschutzes relativ leicht erfüllen, aber was ihre Wirtschaftsstruktur und ihre wirtschaftliche Leistungsfähigkeit angeht, haben sie erhebliche Schwierigkeiten zu überwinden. Das gilt besonders für die Landwirtschaft, die einerseits ein Viertel oder mehr aller Erwerbstätigen beschäftigt, andererseits aber nur etwa ein Zwanzigstel des Sozialproduktes erwirtschaftet. Einige polnische Kommunisten waren stolz darauf, entgegen Moskauer Pression und im Gegensatz beispielsweise zur DDR ihre Landwirtschaft nicht kollektiviert zu haben; das war damals ein Verdienst, heute hat es Polen infolgedessen aber mit einer hohen Zahl sehr kleiner und unwirtschaftlicher privater Bauernhöfe zu tun.

Auf der anderen Seite haben die in großen Konglomeraten organisierten Kohle- und Stahlindustrien ebenfalls erhebliche Strukturprobleme zu überwinden; die Privatisierung staatseigener Mammutunternehmen geht nur langsam voran. Insgesamt lassen die noch ausstehenden Strukturreformen für mehrere Jahre eine ansteigende Arbeitslosigkeit befürchten. Die polnische Regierung erwartet deshalb mit dem Beitritt zur EU zugleich volle Freizügigkeit für polnische Arbeitnehmer, das heißt Beschäftigungsmöglichkeit in anderen EU-Staaten; da aber überall Arbeitslosigkeit herrscht, werden auch hier Übergangsfristen unumgänglich werden.

Die öffentliche Meinung Polens zum EU-Beitritt ist keineswegs eindeutig; die Ablehnung konzentriert sich verständlicherweise vor allem in der ländlichen Bevölkerung. Darüber hinaus ist Skepsis verbreitet, auch eine gewisse Enttäuschung darüber, daß der Beitrittsprozeß so zeitraubend ist. Polens Beitritt zum Nordatlantik-Pakt und zur NATO war dagegen im Handumdrehen vollzogen, er verlangte auch keinerlei vorherige Anpassungen. Die politische Führung des Landes ist sich jedoch darüber im klaren: Polen braucht die Mitgliedschaft in der Europäischen Union nicht nur aus pyschologisch-politischen Gründen, die in der leidvollen Geschichte des Landes wurzeln, sondern ebenso auch aus ökonomischen Gründen. Die politischen Führer im Westen Europas teilen diese Meinung, sie wissen: Ohne Polen wäre die östliche Erweiterung der EU strategisch sinnlos. Deshalb darf man damit rechnen, daß die Hürden überwunden werden, die dem Beitritt Polens gegenwärtig noch im Wege stehen. Jedenfalls sollte er im Laufe des ersten Jahrzehnts vollzogen werden.

Dabei wird sich dann allerdings herausstellen, daß die bisherigen Mitgliedsstaaten der EU auf erhebliche Teile der finanziellen Zuwendungen verzichten müssen, welche sie bisher aus dem Struktur- und Agrarfonds der EU erhalten haben. Das wird Enttäuschungen, Proteste und Streit auslösen – und muß gleichwohl durchgesetzt werden. Umgekehrt werden die vierzig Millionen Polen enttäuscht sein, weil sie weit größere Beihilfen erwarten, als dann verfügbar sein werden. Die Erfahrungen, die auf der einen Seite der neu beitretende Mitgliedsstaat Polen und auf der anderen

Seite die bestehende Union im Beitrittsverfahren machen, werden nützlich sein für alle anderen Beitritte.

Die beiden nächstgrößten Staaten im Osten Mitteleuropas sind Ungarn und die Tschechische Republik, beide mit je zehn Millionen Menschen. Auch sie haben große Anpassungsprobleme zu überwinden, jedoch ist ihre ökonomische Ausgangsbasis insgesamt etwas günstiger als diejenige Polens. Auch liegt ihr Sozialprodukt pro Kopf deutlich höher, besonders in der Tschechischen Republik (in dieser Beziehung ist übrigens das kleine Slowenien mit zwei Millionen Einwohnern am besten gestellt). Politisch und strategisch spricht vieles dafür, die Beitritte Polens, Tschechiens und Ungarns zugleich zu vollziehen – sofern sie alle drei die Beitrittsbedingungen erfüllen können.

Es steht nirgends geschrieben, daß alle sechs Staaten der ersten Gruppe am gleichen Tag beitreten sollen, es ist auch nicht wahrscheinlich. Sofern Estland die Organe der europäischen Union überzeugen kann, daß es inzwischen eine faire Behandlung seiner sehr großen russischen Minderheit institutionalisiert und gesichert hat, könnte es unter dem Aspekt der ökonomischen Anpassungskriterien als eines der ersten Länder eintrittsreif werden. Man kann sich jedoch fragen, ob es weise gewesen ist, Estland in die erste Gruppe, das Nachbarland Lettland und ebenso Litauen aber in die zweite Gruppe der Beitrittskandidaten eingereiht zu haben. Schließlich war das *ganze* Baltikum, vom Sieg Peters I. über die Schwedenzeit bis zum Zerfall der Sowjetunion, in russischer/sowjetischer Hand (mit Ausnahme der beiden Jahrzehnte zwischen den Weltkriegen). Und die Probleme mit den durch die lange russische Herrschaft entstandenen russischen Minderheiten liegen in Riga und in Tallinn (Reval) durchaus ähnlich.

Man mag sich auch fragen, ob es sinnvoll war, das im Nahen Osten liegende Zypern in die erste, Teile Mitteleuropas dagegen in die zweite Gruppe einzuteilen. Jedenfalls sind hinsichtlich der zeitlichen Reihenfolge der Beitritte noch Überraschungen denkbar; vermutlich werden sich zwischen der ersten und der zweiten Gruppe Verschiebungen ergeben. Die Gruppeneinteilung wird sich als obsolet erweisen.

Nach der bisherigen Einteilung durch den Europäischen Rat gehören Lettland, Litauen, die Slowakei, Rumänien, Bulgarien und Malta zur zweiten Gruppe. Diese Staaten zusammen haben etwa vierzig Millionen Einwohner, davon entfallen über 22 Millionen auf Rumänien. Weder Rumänien noch Bulgarien haben bisher innenpolitische Stabilität erreicht, ihre ökonomische Entwicklung ist weit zurückgeblieben. Es wäre ein großes Wunder, wenn diese beiden Balkanstaaten noch im ersten Jahrzehnt des Jahrhunderts die Beitrittsreife erreichen würden. Mit Ausnahme Sloweniens wird auf längere Sicht auch keiner der Nachfolgestaaten von Titos Jugoslawien die Beitrittsbedingungen erfüllen können, weder die politischen noch die ökonomischen. Die Europäische Union selbst sollte sich auf keinen Fall die balkanischen Unruheherde einverleiben. (Zur Frage eines eventuellen Beitritts der Türkei siehe unten S. 217 ff.)

Zwei der wirtschaftlich leistungsfähigsten Demokratien des europäischen Kontinents haben sich bisher nicht um einen Beitritt beworben, nämlich die Schweiz und Norwegen (die norwegische Regierung hat sich zwar zweimal »beworben«, auch zweimal einen Beitrittsvertrag ausgehandelt; jedoch hat das norwegische Volk durch Referendum beide Male abgelehnt), beides Länder mit ganz ausgeprägtem Volkswohlstand. In beiden Nationen überwiegen Skepsis und Abneigung, während die politische Klasse sowohl in Bern und Zürich als auch in Oslo den Beitritt wünscht; sie erkennt, daß *à la longue* eine isolierte Selbstbehauptung schwierig werden kann. Möglicherweise werden in beiden Fällen die Regierungen als Ausweg ein besonderes Assoziationsabkommen mit der EU anstreben. Die im wahren Interesse beider Staaten liegende Vollmitgliedschaft würde jedenfalls dazu führen, daß die EU zwei neue Netto-Zahler dazugewönne, während die zwölf Staaten, die sich gegenwärtig um Mitgliedschaft bewerben, mit Sicherheit allesamt erst einmal Netto-Empfänger sein und die finanzkräftigeren Mitglieder zusätzlich belasten werden.

Eine »Vollendung« der Europäischen Union im Sinne einer alle europäischen Staaten umfassenden Vereinigung wird es also – mindestens für weit mehr als ein Jahrzehnt – nicht geben (und wer von der Einbeziehung Rußlands redet, der ist entweder ein idealistischer Träumer oder ein größenwahnsinniger Phantast). Die Europäische Union wird jedenfalls eine Reihe von Jahrzehnten brauchen, bis es nach Auslaufen aller mit den neuen Mitgliedern zu verabredenden Übergangsfristen tatsächlich eine nach außen handlungsfähige Union sein wird. Wirtschafts- und währungspolitische, außen- und sicherheitspolitische Handlungsfähigkeit ist jedoch notwendig, wenn wir Europäer uns in einer immer mehr schrumpfenden Welt behaupten wollen. Das Ziel, Handlungsfähigkeit zu erlangen, würde von vornherein gefährdet, wenn wir die Zahl der Mitgliedsstaaten vergrößerten, bevor die dringend gebotenen Reformen der Institutionen und Verfahren ins Werk gesetzt sind. Die Reform der EU muß zeitlich Vorrang haben vor jeder Erweiterung.

Innere Reformen

Es gibt niemand unter den in den Organen der EU tätigen Politikern und Beamten, der behaupten dürfte, die Organe funktionierten in befriedigender Weise. Im Gegenteil, die Mitglieder des Europäischen Parlaments, die Mitglieder der Kommission unter ihrem Präsidenten und die Mitglieder des Europäischen Rates – also die Staats- und Regierungschefs – sind einhellig einer Meinung: Seit der Vermehrung auf fünfzehn Mitgliedsstaaten ist das institutionelle System der EU kaum noch ausreichend handlungsfähig, und nach Aufnahme weiterer Mitglieder würde es wahrscheinlich erstarren. Deshalb verlangen alle nach einer Reform der Institutionen.

Allerdings hat es den fünfzehn Regierungen bisher an der Entschlußkraft gefehlt, ihren Außenministern dafür einige klare Richtlinien zu geben. Die Kommission hat ein Bündel von Vorschlägen vorgelegt, wie immer akribisch und perfektionistisch; es ist nicht wahrscheinlich, daß alle diese Vorschläge von den fünfzehn Regierungen angenommen werden. Diese wiederum stehen unter Zeitdruck. Denn selbst wenn sie sich rasch auf neue Vertragstexte einigen sollten, so würde der Ratifikationsprozeß in den fünfzehn Parlamenten sich mindestens bis Ende 2002 hinziehen. Vor Abschluß des Ratifikationsprozesses ist die EU auf keinen Fall erweiterungsfähig. Vorher aber können Beitrittsverhandlungen mit neuen Mitgliedern nicht abgeschlossen werden – und die Beitritte werden nach bisheriger Rechtslage abermals Ratifikationsprozeduren erfordern.

Immerhin ist man sich wenigstens in drei Punkten formal einig: Die Beschlußverfahren im Rat, insbesondere das Einstimmigkeitsprinzip, bedürfen der Revision; die Stimmgewichte im Rat bedürfen der Korrektur; die Zahl der Mitglieder der Kommission soll begrenzt werden. Falls man sich zu diesen drei Gegenständen inhaltlich einigen kann, wäre damit aber nur das absolute Minimum der heute nötigen Reformen erreicht. Daneben gibt es eine größere Zahl von Reformen, die mir dringend wünschenswert erscheinen. Schließlich gibt es eine dritte Gruppe von Vorschlägen, die – auch im Hinblick auf die beabsichtigte Erweiterung der EU – gegenwärtig nicht in die Verhandlungen aufgenommen werden sollten.

Der neu ins Amt des Kommissionspräsidenten berufene Romano Prodi hat 1999 drei Weise – Richard von Weizsäcker, Jean-Luc Dehaene und David Simon – um eine Stellungnahme gebeten. Sie sind alsbald zu dem Urteil gelangt, daß die Institutionen der EU an einem »Defizit an Einfachheit und Klarheit sowie an Transparenz, Flexibilität und Rechenschaftspflicht« leiden. Das Urteil scheint mir voll gerechtfertigt. Die drei haben den interessanten Vorschlag gemacht, die Texte aller bisher geltenden Bestimmungen und die jetzt zu beschließenden Reformen in zwei Kategorien einzuteilen oder aufzuspalten. Die Texte der ersten Kategorie würden danach in einen Grundlagenvertrag eingehen, der die Ziele, die Grundsätze, die Bürgerrechte und den Rahmen für die Institutionen der EU enthält. Dieser Grundlagenvertrag könnte (so wie bisher alle Verträge) nur einstimmig geändert werden, jede Änderung würde der Ratifikation durch die Parlamente aller Mitgliedsstaaten bedürfen.

Ein zweiter Vertrag würde alle übrigen Bestimmungen enthalten. Dieser könnte durch Beschluß des Rates und mit Zustimmung des Europäischen Parlaments – jeweils mit qualifizierter Mehrheit – geändert werden, er bedürfte also nicht der Ratifikation durch die Mitgliedsstaaten. Im normalen Geschäftsgang sollte für vielerlei Materien eine einfache Mehrheit der Stimmen im Rat genügen. Die Vorteile einer derartigen Reform des Systems liegen auf der Hand. Es wäre allerdings ein mittelgroßes Wunder, wenn sich die Staats- und Regierungschefs dazu entschließen könnten; jedenfalls wären dazu Einstimmigkeit und natürlich Ratifikationen notwendig.

In jedem Falle ist eine neue Stimmenverteilung im Rat nötig. Bisher haben die fünfzehn Staaten insgesamt 87 Stimmen. Deutschland, England, Frankreich und Italien, das heißt die vier volkreichsten Staaten, haben jeder zehn Stimmen; die kleinsten Staaten, nämlich Dänemark, Irland und Finnland, haben jeder drei Stimmen (Luxemburg zwei Stimmen); alle anderen liegen dazwischen. Die kleineren Staaten sind demnach mit ihrem Stimmgewicht überrepräsentiert, die großen sind unterrepräsentiert; ähnlich sind die Sitze im Europäischen Parlament verteilt.

Dies war schon in der Montanunion so gewollt, die kleinen Staaten sollten nicht in eine Minoritätsposition gedrückt werden. Wenn es allerdings zur Erweiterung um eine größere Zahl von kleinen Staaten kommt und die neuen Mitglieder mit Stimmgewichten nach bisherigem Schema ausgestattet werden, könnten zum Beispiel Mehrheiten von armen, finanziell hilfsbedürftigen Staaten die finanziell leistungsfähigen Staaten, die »Netto-Zahler«, in die Minderheit bringen.

Das Problem der Stimmgewichtsverteilung erscheint verhältnismäßig leicht lösbar. Lediglich von deutscher Seite sind bisher Schwierigkeiten angekündigt worden; der deutsche Außenminister möchte die seit der Wiedervereinigung um knapp zwanzig Millionen höhere Bevölkerungszahl Deutschlands im Vergleich zu Frankreich, England und Italien in einem höheren Stimmgewicht widergespiegelt sehen. Man muß ihm raten, diesen Anspruch rechtzeitig aufzugeben.

Er möge sich zum Beispiel den deutschen Bundesrat vor Augen halten. Das Grundgesetz hat die Stimmenverteilung im Bundesrat zugunsten der kleinen und zu Lasten der großen Bundesländer geregelt; Nordrhein-Westfalen, Bayern und Niedersachsen haben jeweils sechs Stimmen, obgleich NRW der Bevölkerungszahl nach anderthalbmal so groß ist wie Bayern und mehr als doppelt so groß wie Niedersachsen. Im Rat der EU ist es nicht anders: Holland und Portugal werfen jeweils fünf Stimmen in die Waagschale, obschon Holland anderthalbmal soviel Einwohner hat wie Portugal. Im übrigen sollte Berlin davon ausgehen, daß im Rat die deutschen Stimmen immer gemeinsam mit den französischen Stimmen abgegeben werden!

Weit wichtiger als die Stimmenverteilung im Rat und ungleich schwieriger zu lösen ist die Neuordnung des Beschlußverfahrens. Bisher sind in ungefähr siebzig (es gibt dazu auch andere Zahlenangaben) Teilbereichen von sehr unterschiedlicher politischer Bedeutung einstimmige Beschlüsse aller fünfzehn Ratsmitglieder erforderlich. Manche der vom Rat zu treffenden legislativen wie exekutiven Entscheidungen werden deshalb ungebührlich verschleppt, andere werden mit einer unsäglichen Vielzahl von zusätzlichen Klauseln mühsam kompromißfähig gemacht. Bei 21 Mitgliedsstaaten hätten nach bisherigem Recht und bisheriger Übung in Zukunft alle 21 Ratsmitglieder in siebzig Geschäftsfeldern ein Vetorecht.

Es ist deshalb dringend notwendig, das Einstimmigkeitsprinzip auf grundsätzliche oder auf vertragsändernde Entscheidungen einzuschränken oder auf solche, die vertraglich ausdrücklich dafür vorzusehen sind. Für alle anderen legislativen Entscheidungen sollte künftig eine qualifizierte Mehrheit im Rat genügen. Alle diese Entscheidungen sollten jedoch der Mitentscheidung des Europäischen Parlaments unterliegen. Das Parlament ist ein für die Legitimität von Mehrheitsentscheidungen absolut notwendiger Faktor!

Es ist vorauszusehen, daß die hier skizzierten Vertragsänderungen schwierige Auseinandersetzungen unvermeidlich machen, zumal die Fachminister der Mitgliedsregierungen und ihre Bürokraten versuchen werden, für möglichst viele der siebzig Gebiete die Einstimmigkeitsregel aufrechtzuerhalten. Die Fachminister haben schon bisher allzuviel Entscheidungsmacht durch ihre »illegalen« Räte usurpiert.

Ebenso schwierig ist die Definition einer qualifizierten Mehrheit. Einerseits kommt hier die neue Stimmgewichtsverteilung ins Spiel, andererseits muß für die Sperrminorität ein Mindestanteil an der Gesamtbevölkerung der EU festgelegt werden. Es gibt für die Definition einer qualifizierten Mehrheit mehrere recht komplizierte Modelle; an dieser Stelle mag der Hinweis genügen, daß schon bisher die Prinzipien der Mehrheit und der qualifizierten Mehrheit unter den fünfzehn gegenwärtigen, in der Handhabung der EU-Verfahren geübten Mitgliedsstaaten schwierige Fragen aufwerfen. Ihre Lösung muß im neuen Vertrag einstimmig beschlossen werden. Eine Lösung *erst nach dem Beitritt weiterer Staaten,* die keine Mitgliedserfahrung mitbringen können, in Angriff zu nehmen, könnte zu einem eklatanten Mißerfolg und später zu gefährlichen Beschlußblockaden führen. Deswegen darf eine Regelung der Beschlußverfahren keineswegs auf spätere Regierungskonferenzen – etwa auf das Jahr 2004 – verschoben werden.

Das gleiche gilt für die Begrenzung der Mitgliederzahl der Kommission. Bisher entsenden die fünf größeren Mitgliedsstaaten Deutschland, England, Frankreich, Italien und Spanien je zwei Mitglieder in die Kommission, die übrigen zehn Staaten entsenden jeder ein Mitglied; insgesamt besteht die Kommission (einschließlich ihres Präsidenten) also heute aus zwanzig Mitgliedern. Diese Zahl ist schon heute ganz eindeutig zu groß. Nach bisheriger Praxis würden in Zukunft Polen zwei, alle anderen Beitrittskandidaten je ein Mitglied entsenden – insgesamt könnte die Kommission nach zwölf Beitritten auf 33 Mitglieder anwachsen. Eine derartig große Kommission wäre grober Unfug.

Die Kommission ist ja kein Parlament, sondern eine exekutive Behörde, in der jedes Mitglied ein Ressort mit einer umfangreichen Bürokratie verwaltet. Je mehr Mitglieder, desto kleiner die einzelnen Aufgabengebiete, desto größer die Wichtigtuerei und der Aktionismus einzelner Kommissionsmitglieder, desto größer die Streitigkeiten zwischen den Ressorts, um so mehr Zeitaufwand und so weiter. Man ist sich noch nicht einig, wie und zu wessen Lasten diese Begrenzung nach dem Beitritt neuer Mitgliedsstaaten zuwege gebracht werden kann.

Relativ einfach ist der Verzicht der Großen auf je einen ihrer zwei Sitze in der Kommission, damit wird die maximale Zahl von 33 auf 27 potentielle Kommissionsmitglieder reduziert. Auch das wären noch doppelt so viele wie wünschenswert und sachlich geboten. Als Ausweg kommt ein Rotationsverfahren in Betracht – aber welches? Sollen alle Staaten an der Rotation beteiligt sein, einschließlich der Großen? Wenn alle Mitgliedsstaaten rotieren, hätte dies den großen Vorteil, daß man die Zahl der Kommissionsmitglieder auf deutlich unter zwanzig absenken könnte; aber dazu müßten die Großen sich zu einem erheblichen Prestigeverzicht durchringen.

Es liegt nach bisheriger Erfahrung nahe, daß jede Regierung eines Mitgliedsstaates das von ihm entsandte Kommissionsmitglied zunächst als »ihren« Mann in Brüssel betrachtet; deshalb wollte die rot-grüne Koalition in Berlin auch unbedingt einen Grünen (eine Frau) *und* einen Sozialdemokraten entsenden. Alle neu ernannten Kommissionsmitglieder müssen sich erst noch daran gewöhnen, daß sie keineswegs die Aufgabe haben, ihr Land oder gar ihre Partei zu vertreten, sondern daß die Kommission vielmehr übernationale Aufgaben zu erfüllen hat – einige lernen das überhaupt nicht. Weil dies auch in der öffentlichen Meinung nicht klar ist, wird die Regierung eines neu beitretenden Staates großen Wert darauf legen, von vornherein in der Kommission »vertreten« zu sein. Es ist deshalb zu fürchten, daß es nicht zu einem Rotationsverfahren kommt, sondern daß statt dessen unsinnigerweise die Zahl der Kommissionsmitglieder noch weiter erhöht werden wird. Nur wenn auch die Großen sich bereit finden, an einem Rotationsverfahren teilzunehmen, wird Rotation durchsetzbar.

Außer den hier skizzierten Veränderungen, die ein unerläßliches Minimum der institutionellen Reform darstellen, möchte man sich wünschen, daß bei Gelegenheit der institutionellen Reformen alle EU-Verträge in einem einzigen Vertragstext konsolidiert werden. Es wäre nahezu unverzeihlich, wenn etwa der Europäische Rat den notwendigen Vertrag über die institutionellen Reformen gesondert neben die mehreren bereits gültigen Verträge stellen sollte. Der fast unverständliche Wust der nacheinander entstandenen, aber ineinander verschachtelten Dokumente, zumindest der EG-Vertrag, der Maastrichter Vertrag und der Amsterdamer Vertrag gehören mit dem beabsichtigten Reformvertrag in einer einzigen lesbaren Form zusammengefaßt; die gegenwärtigen Texte sind ein Urwald, den kein Minister eines beitrittswilligen Staates durchschauen kann, kaum ein Minister der Mitgliedsstaaten – und jedenfalls kein normaler Bürger.

Ein wichtiges Reformthema ist die Frage nach einer für alle Mitgliedsstaaten, alle Organe und jeden Bürger der EU verbindlichen gemeinsamen Grundrechts-Charta. Eine solche Charta zu entwerfen, scheint zwar auf den ersten Blick einfach, auf den zweiten Blick jedoch ergeben sich diffizile Überschneidungen mit den Rechtstraditionen und den Verfassungen einiger Mitgliedsstaaten, so zum Beispiel mit dem Grundrechtskatalog des deutschen Grundgesetzes und auch mit der gültigen Europäischen Menschenrechtskonvention. Den Inhalt hat seit 1999 ein Konvent unter Vorsitz

Roman Herzogs erarbeitet; ein Entwurf liegt seit dem Sommer 2000 vor, eine öffentliche Debatte darüber hat noch kaum begonnen. Es ist zeitlich nicht möglich, Ergebnisse einer öffentlichen Diskussion gleichzeitig mit den institutionellen Reformen in Nizza Ende des Jahres 2000 zu verabschieden; sofern der Entwurf gleichwohl – ob als feierliche Erklärung oder als Teil des Reformvertrages – verabschiedet wird, könnte er nachträglich eine international kontroverse Diskussion auslösen, die dem ursprünglichen Ziel zuwiderläuft, nämlich der EU in den Augen ihrer Bürger zusätzliche Legitimität zu verleihen. Man sollte einen Mantel nicht mit heißer Nadel nähen wollen.

Das gilt erst recht für die Frage nach einer Verfassung der EU. Eine Verfassung würde über eine Menschenrechts-Charta jedenfalls noch weit hinausgehen, ein Entwurf würde große Kontroversen zwischen den Regierungen der Mitgliedsstaaten auslösen. Am Ende würde der Entwurf genauso unerledigt liegenbleiben wie der Verfassungsentwurf, den das Europäische Parlament erstmals 1984 vorgelegt hat.

Auch die Forderung nach einer für alle EU-Mitgliedsstaaten verbindlichen Sozial-Charta verspricht keinen Erfolg. Die Löhne und Lohnfindungssysteme, die Arbeitsbedingungen und ihre staatlichen Regulierungen, die sozialen Sicherungssysteme und ihre Finanzierung sind von Land zu Land höchst unterschiedlich. Deswegen hat die 1989 vom Europäischen Rat »feierlich erklärte« Sozial-Charta von vornherein vermieden, in diese Gebiete einzugreifen. Es wäre eine unnötige Verletzung der Souveränität der nationalen Parlamente und Regierungen, alles über einen Kamm scheren zu wollen; es wäre zugleich eine unnötige Verletzung der Handlungsfreiheit von Arbeitnehmer- und Arbeitgeberorganisationen. Tatsächlich kann keine Charta die Klassenkampftraditionen Englands eliminieren oder für die Hafenarbeiter in Piräus, in Porto und in Rotterdam gleiche Mindestlöhne verordnen oder für Griechenland und Schweden gleiche Sozialleistungssysteme vorschreiben. Infolgedessen bliebe eine rechtsverbindliche Sozial-Charta eine ziemlich wirkungslose Deklamation. Zugleich läge darin aber eine Verletzung des Subsidiaritätsprinzips; die Charta wäre nur ein weiteres Zeugnis von überflüssigem Zentralismus der EU.

Man muß dem Hang der Bürokraten zu Zentralismus und Perfektion Widerstand entgegensetzen. Wer alles in Vertragsform gießen will, sollte sich an das Wort eines französischen Kommissionsmitgliedes erinnern, der die EU mit einem Tintenfisch verglich: Sie strecke ihre Tentakeln nach allen Seiten aus, aber innen sei sie voller Tinte. Deshalb müssen auch die fälligen Revisionen der ausgeuferten Agrar- und Strukturpolitiken der EU, der Finanzierung und der Umschichtungen im Budget dem normalen Geschäftsgang der Organe der EU überlassen bleiben, sie gehören nicht in den Vertrag.

Der Europäische Rat könnte zwei wünschenswerte institutionelle Reformen übrigens im normalen Geschäftsgang verwirklichen. Er könnte zum einen die in keinem Vertrag vorgesehenen, tatsächlich aber existierenden über zwanzig Ministerräte und -ausschüsse durch einfachen Beschluß drastisch reduzieren. Fast jedes der zwanzig Kommissionsmitglieder und fast jeder nationale Fachminister wollte am liebsten seinen eigenen Ministerrat haben. Alle diese Räte haben sich legislative und auch exekutive Rechte angemaßt, die in den geltenden EU-Verträgen »dem Rat« (Singular!) oder dem Europäischen Rat vorbehalten sind; hier liegt eine der Quellen für überflüssige, zentralistische und insgesamt ärgerliche Regulierungen.

Zum anderen könnte der Europäische Rat »dem Rat« eine konkrete Richtlinie für die praktische Handhabung des im EU-Vertrag festgelegten Subsidiaritätsprinzips geben, das heißt ihm eine Selbstbeschränkung im Hinblick auf überflüssige Regulierungen auferlegen.

Handlungsfähigkeit nach außen

Die EU hat für viele Bereiche Inhalt und Ziele ihrer Politiken in Verträgen festgelegt. Auf manchem Gebiet war das unumgänglich, so zum Beispiel was Haushaltsordnung und Haushaltspläne oder die Maßstäbe betrifft, an denen die wirtschaftliche Reife eines Staates gemessen wird, welcher der gemeinsamen Währung Euro und dem gemeinsamen Zentralbanksystem beitreten will (sogenannte Konvergenzkriterien). Viele dieser vertraglichen Vorschriften gehen in den Details außerordentlich weit, zum Teil viel zu weit, weil sie sich an der Lage zur Zeit ihrer Entstehung orientieren. Diese Tendenz zur inhaltlichen Überregulierung hat sich in den ungezählten »Verordnungen« und »Richtlinien« noch wesentlich stärker ausgeprägt.

Zum Glück entzieht sich das weite Feld der gemeinsamen Außenpolitik wegen der Natur der Sache einer weitgehenden Regulierung. Entscheidungsnotwendigkeiten der vielfältigsten Art lassen sich nicht vorab erfassen; das Verhalten der EU in gefährlichen Krisen, in welchem Erdteil und in welcher Region auch immer sie auftreten, kann nicht im vorhinein geregelt werden. Wir haben im Laufe von Jahrzehnten mehrere Situationen erlebt, in denen sehr schnell, manchmal von Tag zu Tag, Entscheidungen von großer Tragweite getroffen werden mußten.

Die fünfzehn Regierungschefs sollten sich einigermaßen einig sein über die Grundlinien ihrer Außenpolitik, zum Beispiel gegenüber den Weltmächten USA, China oder Rußland, über ihre Politik im Rahmen der UN, der Welthandelsorganisation (WTO), des IMF oder der Weltbank. Aber selbst wenn auf allen diesen Gebieten ein tendenzieller Gleichlauf der Auffassungen gegeben sein sollte, so bedarf es sehr oft doch ad hoc der Einigung über einen konkreten Schritt, wie zum Beispiel im Falle eines viele Menschenleben fordernden Kriegs wie etwa in Kaschmir, Tschetschenien, Sierra Leone oder im Kosovo.

Deshalb kommt es darauf an, daß die Regierungschefs, ihre Fachminister und deren diplomatische und militärische Gehilfen an einen engen – gewissermaßen täglichen – Kontakt gewöhnt sind. Je besser sie gegenseitig ihre Auffassungen, ihre Interessen und ihre politischen Spielräume kennen, desto eher werden sie in kritischen Situationen gemeinsam operieren können. Deshalb sind der direkte persönliche Draht und das Telefon wichtige außenpolitische Werkzeuge; schon zu meiner Zeit gab es selbstverständlich direkte Telefongespräche mit den Präsidenten Giscard d'Estaing, Ford oder Carter, mit den Regierungschefs in England, Holland oder Dänemark (übrigens auch mit Honecker, leider aber nicht mit Breschnew, weil wir keine gemeinsame Sprache beherrschten).

Gleichwohl bedarf es in einer Union von fünfzehn Staaten gewisser Verfahrensregeln. Dies gilt besonders für die Sicherheitspolitik, da die Anzahl der verfügbaren Streitkräfte und ihre Ausrüstung qualitativ und quantitativ gemeinsam geregelt und vor allem auch die gemeinsamen Befehlsstränge festgelegt sein müssen. Leider hat der Perfektionismus auch in der Außenpolitik eine Orgie gefeiert, so daß ihre Funktionsfähigkeit gefährdet ist. In seiner Amsterdamer Fassung proklamiert der EU-Vertrag in Artikel 2 neben vier anderen Zielen der Union das Ziel, eine gemeinsame Außen- und Sicherheitspolitik zu erreichen. Zu diesem Ziel folgen später siebzehn weitere, zum Teil akrobatisch formulierte Artikel mit sehr kompliziert geregelten Verfahren.

So sagt Artikel 18, daß der Vorsitz des Rates in Angelegenheiten der gemeinsamen Außen- und Sicherheitspolitik die EU vertritt; er ist auch für die Durchführung verantwortlich. Zugleich soll aber die Brüsseler Kommission an diesen Aufgaben »in vollem Umfang beteiligt sein«. Ob dies praktisch funktionieren kann, darf bezweifelt werden. Denn immerhin wechselt der Vorsitz im Rat alle sechs Monate, binnen siebeneinhalb Jahren kommen alle fünfzehn Außenminister einmal an die Reihe. Die Kommission dagegen wechselt personell regelmäßig alle fünf Jahre – so auch ihr für Außenbeziehungen zuständiges Mitglied, zur Zeit Chris Patten. Um gleichwohl Kontinuität zu gewährleisten, ist dem Vorsitz des Rates ein ständiger »Hoher Vertreter für die gemeinsame Außen- und Sicherheitspolitik« beigegeben; dies ist gegenwärtig der frühere NATO-Generalsekretär Javier Solana.

Die Kommission unterhält diplomatische Vertretungen in allen wichtigen Hauptstädten der Welt und ist infolgedessen gut informiert, während der Rat und der Hohe Vertreter nicht über einen derartigen Apparat verfügen. Nur die künftige Praxis könnte dieses vertrackte Knäuel von vertraglichen Kompetenzen entwirren. Einstweilen beruht die »gemeinsame« Außen- und Sicherheitspolitik im wesentlichen auf intergouvernementaler Abstimmung zwischen den nationalen Regierungen; sie verfügen über große und erfahrene diplomatische und militärische Stäbe in der Form ihrer Außen- und ihrer Verteidigungsministerien, mit Botschaften in aller Welt.

Im Kosovo-Krieg gegen Serbien 1999 hat nicht die EU, sondern haben vielmehr die NATO und deren Organe eine weitgehend gemeinsame Politik verfolgt – bei klarer und unabhängig bleibender Präponderanz der USA. Falls die Mitgliedsstaaten der EU (oder die EU selbst) wegen der serbischen Verbrechen im Kosovo ohne Beteiligung der USA militärisch hätten eingreifen wollen, so hätten dafür theoretisch die im EU-Vertrag enthaltenen Verfahrensregelungen zur Verfügung gestanden, einschließlich der Inanspruchnahme der WEU (Westeuropäische Union). Praktisch hätte der Krieg jedoch gar nicht begonnen werden können. Die EU hat nämlich gar keine Truppen, und auch sonst fehlte es ihr praktisch an allem: an militärischen Aufklärungsinstrumenten, an einer militärischen Führungsstruktur, an militärischer Lufttransport-Kapazität und so weiter.

Zwar hat der EU-Vertrag die WEU zum »integralen Bestandteil« der EU erklärt und eine »operative Kapazität« der WEU in Aussicht genommen. Tatsächlich gibt es eine solche Kapazität jedoch nicht. Tatsächlich ist der Sicherheitspakt WEU seit fünf Jahrzehnten praktisch durch die

NATO überlagert; die WEU war deshalb bisher ohne Wirksamkeit, sie verfügt weder über Truppen noch über militärische Stäbe. Nur zehn der fünfzehn Mitgliedsstaaten der EU gehören der WEU an – und gleichzeitig der NATO. Im Vergleich mit der NATO steht die WEU bloß auf dem Papier. Sie soll demnächst in der EU aufgehen; unklar ist jedoch, was mit dem ihr zugrunde liegenden Brüsseler Vertrag geschehen soll; der Brüsseler WEU-Vertrag enthält eine gegenseitige Beistandspflicht, der EU-Vertrag und der Nordatlantik-Vertrag dagegen nicht. Vier EU-Mitgliedsstaaten haben offiziell ihre Neutralität erklärt.

Bei dieser Sachlage wird es Jahre brauchen, bis die EU tatsächlich zu einer gemeinsamen Sicherheitspolitik gelangen kann. Mit Recht spricht deshalb Artikel 17 des EU-Vertrages von einer »schrittweisen Festlegung einer gemeinsamen Verteidigungspolitik ... die zu einer gemeinsamen Verteidigung führen könnte«. Der Konjunktiv ist beabsichtigt und berechtigt. (Der Artikel 17 läßt unter anderem auch mit Absicht offen, ob sich die mit Vetorecht im UN-Sicherheitsrat bevorrechtigten Nuklearwaffen-Staaten Frankreich und England eines fernen Tages einbinden wollen oder sollen – was mir äußerst unwahrscheinlich vorkommen will.)

Gegenwärtig unternehmen die Verteidigungsminister der EU-Staaten erhebliche Anstrengungen, um in wenigen Jahren ein gemeinsames militärisches Kontingent etwa in der Stärke eines sehr großen Armeekorps verfügbar zu machen, das kraft eigener Luft- und Seetransportkapazität in einem Krisengebiet eingesetzt werden kann. Diese »Europäische Sicherheits- und Verteidigungsinitiative« (in englischer Abkürzung ESDI, in neuerer Zeit heißt es in der

EU auch »Verteidigungspolitik«, ESDP) – in früheren Zeiten hätte man von einer Expeditionsarmee gesprochen – ist den leidvollen politischen und militärischen Erfahrungen entsprungen, welche die europäischen Regierungen im Serbien-Krieg gemacht haben. Die Abhängigkeit von den hochtechnologischen Aufklärungs- und Telekommunikationssystemen der USA, von den amerikanisch dominierten Führungs- und Befehlsstrukturen, letztlich die Abhängigkeit vom Pentagon und vom State Department in Washington hat für den Entschluß zu ESDI den Ausschlag gegeben. ESDI wird auch noch in einem Jahrzehnt auf die Instrumente und Einrichtungen der NATO angewiesen bleiben; dennoch kann ESDI den Amerikanern eine Verringerung ihrer Truppenpräsenz in Europa erlauben.

Man muß für eine längere Reihe von Jahren damit rechnen, daß Amerika für die allgemeine Außenpolitik der europäischen Staaten, stärker noch für deren Sicherheitspolitik den Ton angeben wird. Im Nordatlantischen Bündnis und in der NATO wird Amerika weiterhin seine Übermacht voll ausspielen – wenn auch möglicherweise etwas taktvoller und mit geringerem Aplomb als während der Präsidentschaft Clintons. Die Vormachtstellung und das Engagement Amerikas in der NATO sind für die Abschreckung einer theoretisch denkbaren militärischen Bedrohung Europas oder eines EU-Mitgliedsstaates durchaus nützlich. Allerdings sind solche theoretischen Fälle für absehbare Zukunft praktisch außerordentlich unwahrscheinlich.

Dagegen ist es nicht bloß wahrscheinlich, sondern vielmehr gewiß, daß es auch in Zukunft Jahr für Jahr irgendwo auf der Welt mindestens eine schwere Krise geben wird: Kriege zwischen Staaten und Kriege innerhalb eines Staates; Konflikte über die Staatszugehörigkeit einzelner Territorien und ihrer Einwohner; Konflikte wegen nuklearer oder chemischer oder biologischer Rüstung oder wegen neuartiger Raketen und Anti-Raketen einzelner Staaten; politische Konflikte über Verletzungen gültiger Rüstungsbegrenzungsverträge oder über zukünftige Rüstungsbeschränkungen; massenhafte schwere Verletzungen von Menschenrechten und Konflikte über ein bewaffnetes Eingreifen von außen; politische Konflikte innerhalb der UN und ihres Sicherheitsrates und so weiter.

Ich will nicht alle Teufel an die Wand malen, aber doch wenigstens andeuten, daß schwerwiegende Interessenkonflikte und Krisen zwischen Staaten auch auf Gebieten außerhalb der klassischen Außen- und Sicherheitspolitik entstehen können, so zum Beispiel in der internationalen Klimapolitik, der Handels- und Wettbewerbspolitik, der Finanz- und Währungspolitik von Weltbank und Weltwährungsfonds. Von den Herausforderungen, die sich daraus für Europa ergeben, war in diesem Buch schon die Rede.

Die Wahrscheinlichkeit einer Vielzahl von Krisen und Konflikten einerseits, der Wille der amerikanischen Supermacht andererseits, mit Hilfe ihrer Bündnissysteme in Europa, Asien und Amerika und ihrer allgemeinen Dominanz weltweit ihre Interessen und ihre Ideologien durchzusetzen, haben die EU-Staaten zu der Absicht einer gemeinsamen Außen- und Sicherheitspolitik geführt. Unter den Staatslenkern in Europa wächst nämlich die Einsicht, daß sowohl die NATO als auch die EU als Ganze zu Instrumenten der Weltpolitik der USA umfunktioniert werden könnten.

Freilich ist diese Erkenntnis in Frankreich weit früher und weit stärker ins Bewußtsein gedrungen als in Deutschland; sie wird in England – der gepriesenen »special relationship« mit Amerika wegen – gerne verdrängt; im Osten Mitteleuropas beginnt das Verständnis für diese unerfreuliche Möglichkeit gerade erst. Immerhin hat diese Besorgnis sich in der Absicht zu einer gemeinsamen Außen- und Sicherheitspolitik niedergeschlagen. Die Staats- und Regierungschefs der EU schwanken jedoch erheblich in ihrer Haltung.

Sechs Jahre nach Maastricht haben sie einer »neuen NATO« und strategischen Absichtserklärungen zugestimmt, die nicht mehr nur die gemeinsame Verteidigung von Territorien und Grenzen zum Inhalt haben. Die »neue NATO« macht sich anheischig, Werte zu verfolgen: Menschenrechte, Demokratie, Rechtsstaatlichkeit und offene Weltmärkte – letzteres bedeutet im Klartext: weltweiter Kapitalismus. Der in den USA sich ausbreitende missionarische Eifer, als ob es eine Pflicht zur Durchsetzung dieser Werte auch im Ausland gäbe, kann leicht mit den Interessen und den Politiken anderer Staaten kollidieren. Die amerikanische Ideologie kollidiert oft mit China, mit Rußland, mit einer Reihe islamischer Staaten – aber immer wieder auch mit vorrangigen Interessen Europas. So haben sich die europäischen Staaten aus guten Gründen nicht unisono am Krieg gegen den Irak (»Desert Storm«) beteiligt; es war kein Krieg, der unsere europäischen Sicherheitsinteressen unmittelbar berührte, er wurde auch weit außerhalb der im Nordatlantik-Vertrag definierten geographischen Grenzen geführt.

Ob die Greuel im Kosovo unsere europäischen Interessen so stark berührt haben, daß ein Krieg nötig war (immerhin der allererste Krieg der NATO, nach mehr als fünfzig

Jahren ihrer Existenz), darf man bezweifeln. Jedenfalls ging es nicht um die Verteidigung der eigenen Freiheit oder des eigenen Lebens, nicht um die Verteidigung des im Nordatlantik-Vertrag definierten geographischen Gebietes. Es war vielmehr ein menschenrechtlich-idealistisch motivierter Krieg zur Beendigung von Massakern in einem fremden Land, ein Krieg, in dem die NATO Bomben auch auf unbeteiligte Zivilbevölkerung geworfen hat.

Die europäischen Staatsmänner, die sich für eine militärische Beteiligung entschieden haben, gehörten übrigens fast alle jüngeren Jahrgängen ohne eigene Kriegserfahrung an; die ältere, kriegserfahrene und leidgeprüfte Generation in den beteiligten europäischen NATO-Staaten war dagegen sehr zurückhaltend. Ich vermute, daß bei einem zukünftigen Anlaß ähnlicher Art auch die »68er Bellizisten«, die diesmal idealistisch für Krieg votiert haben, wesentlich zurückhaltender sein werden. Sie haben im Krieg gegen Milosevic erfahren, daß es einfacher ist, einen Krieg zu beginnen, als ihn erfolgreich zu beenden.

Es bleibt immer notwendig, sich auf einen Krieg zur eigenen gemeinsamen Verteidigung vorzubereiten. Nur wer darauf ausreichend vorbereitet ist, darf erwarten, einen Verteidigungskrieg vermeiden zu können. Wer dagegen von sich aus einen Krieg beginnt oder wer im Frieden Bomben auf ausländische Städte wirft, der bedarf eines sehr starken, ethisch überzeugenden Grundes. Und er sollte sich vorher über das Ziel seiner Kriegshandlungen Klarheit verschafft haben, über die Wahrscheinlichkeit, das Ziel zu erreichen, über die Risiken, die Anzahl der möglichen Opfer und über die weiteren Folgen.

Die Erfahrungen, welche die Regierungschefs der europäischen NATO-Staaten und auch der EU-Staaten insgesamt im Laufe der neunziger Jahre mit den verschiedenen diplomatischen und militärischen Aktionen auf der Balkan-Halbinsel gemacht haben, werden in zukünftigen Krisen – so darf man wohl erwarten und jedenfalls hoffen – den Verantwortlichen größere Umsicht und Vorsicht angeraten sein lassen. Da jede Krise andere Entscheidungen notwendig macht, ist es durchaus sinnvoll, im EU-Vertrag auf die Fixierung konkreter außenpolitischer oder strategischer Inhalte zu verzichten. Die im EU-Vertrag enthaltenen hochkomplexen Verfahrensregeln wird man im Laufe der Zeit vermutlich beiseite schieben. Außenpolitisch und strategisch ist die Aufrechterhaltung der Nordatlantischen Allianz und der NATO sinnvoll; darüber gibt es weder in Europa noch in Amerika Meinungsverschiedenheiten. Wenngleich das politische, militärische und materielle Übergewicht der USA, insbesondere auch in den militärischen Befehls- und Kommandostrukturen der NATO, durchaus Risiken enthält, so kann es doch keinen Zweifel geben: Allianz und NATO sind auch im neuen Jahrhundert zur Verteidigung Europas geeignet und sollten deshalb erhalten werden.

Die überaus aufwendige militärische Befehlsstruktur der NATO stammt aus der langen Zeit der Konfrontation zwischen der Sowjetunion und dem Westen; sie gewährleistet auf dem Atlantik, in Europa und ebenso im Mittelmeerraum die militärische Führung durch amerikanische Admirale und Generale, die alle nicht nur der NATO, sondern zugleich auch dem Pentagon und dem Präsidenten der USA unterstehen. Jetzt ist der potentielle Gegner Sowjetunion verschwunden, es ist in Wahrheit auch kein anderer potentieller Gegner in Sicht. Die Befehlsstruktur ist jedoch prinzipiell unverändert. Für einen amerikanischen Präsidenten ist das wahrscheinlich sehr beruhigend, ein französischer Präsident oder ein deutscher Bundeskanzler müßte eher beunruhigt sein. Denn damit werden Handlungsspielraum und Entscheidungsfreiheit der EU und ihrer gemeinsamen Sicherheitspolitik weitgehend beschränkt; darüber hinaus wird anderen Weltmächten und Staaten suggeriert, die Europäer seien letztendlich von den USA abhängig und müßten sich zurechnen lassen, was Amerika sagt oder tut.

Tatsächlich muß sich der Wille zur Selbstbehauptung der Europäer durchsetzen. Aber dazu braucht es noch viel Zeit. Möglicherweise wird es weit über das erste Jahrzehnt des neuen Jahrhunderts hinaus dauern, bis es zu einer generell wirksamen Gemeinsamkeit der Außenpolitik der Europäischen Union kommt. Die gemeinsame Sicherheitspolitik wird ebenfalls nur schrittweise effektiv werden, möglicherweise dauert ihre Entfaltung noch länger. Wenn es jedoch zu ernsten Krisen kommen sollte, welche die EU berühren, dann könnten gemeinsame Entscheidungen ausgelöst werden, welche den Prozeß verkürzen.

Über das erste Jahrzehnt hinaus

Die drei großen Aufgaben, welche die Regierungen der EU-Mitgliedsstaaten zum Beginn des neuen Jahrhunderts sich selbst ausdrücklich aufgetragen haben, werden nicht so schnell gelöst werden können. Zum ersten werden die nötigen strukturellen Reformen der Union auf der für Ende des Jahres 2000 vorgesehenen Konferenz der Regierungen zwar teilweise beschlossen werden, aber vieles wird man wiederum aufschieben; auch die Verwirklichung der Beschlüsse in der Praxis der EU-Organe wird nicht über Nacht geschehen.

Zum zweiten werden die Verhandlungen mit den zwölf Staaten, welche der EU beitreten wollen, mehrere Jahre in Anspruch nehmen; in vielen Fällen werden sich Schwierigkeiten ergeben, ein gleichzeitiger Beitritt aller Beitrittskandidaten ist unwahrscheinlich. Selbst wenn alle zwölf Staaten vor dem Ablauf des ersten Jahrzehnts beigetreten sein sollten, so würden anschließend die jeweils vereinbarten Übergangsfristen sich bis weit in das zweite Jahrzehnt erstrecken. Die tatsächliche Angleichung wird – das zeigen alle Erfahrungen in der ehemaligen DDR – in vielen Fällen bis mindestens in das dritte Jahrzehnt des 21. Jahrhunderts sich hinziehen; einige Sorgenkinder werden größere Hilfen nötig haben, als in den Beitrittsverhandlungen vereinbart.

Zum dritten wird die gemeinsame Außenpolitik der mühsamen Einübung bedürfen; die gemeinsame Sicherheitspolitik setzt darüber hinaus erhebliche Veränderungen der Aufgaben, der Ausrüstung und der Struktur der nationalen Streitkräfte voraus. Alles in allem hat die Europäische Union für die nächsten zehn Jahre und länger ein gewaltiges Aufgabenpensum zu erledigen, wenn sie die Ziele wirklich erreichen will, welche die Regierungen sich selbst und den Organen der EU gesetzt haben. Einstweilen überwiegt noch brillante Rhetorik.

Natürlich werden die innere Entwicklung der EU und ihre Haltung nach außen beeinflußt vom Verhalten der Weltmächte und der übrigen Staaten, von den Tendenzen der Weltwirtschaft, von geistigen und religiösen Strömungen in der Welt. Wie auch immer die außerhalb der EU stehenden Nationen die neuartigen Weltprobleme angehen, sie werden in jedem Fall Einfluß ausüben auf das Verhalten der Europäischen Union. Die EU wird sich jedoch nicht auf reaktives Handeln beschränken können, sie wird mindestens in gleichem Maße ihre eigenen Interessen initiativ und aktiv zu vertreten haben.

Die EU wird die Grundlinien ihrer Politik gegenüber der geographisch eng benachbarten Weltmacht Rußland – und auch gegenüber der Ukraine und Belarus (Weißrußland) – unabhängig von den USA festlegen müssen. Gegenüber China braucht die EU ebenso eine klare eigene Politik, sie sollte sich nicht in das Schlepptau der amerikanischen Politik nehmen lassen, die China gegenüber heftig zwischen Feindseligkeit, moralischer Herablassung und privatwirtschaftlicher Zusammenarbeit schwankt. Die EU darf sich nicht an einem kalten Krieg gegen Peking beteiligen – und den Amerikanern sollte dies rechtzeitig gesagt sein.

Wenn sich in den USA die Tendenz zur Bevormundung anderer Nationen und Staaten und zur Pression zwecks Durchsetzung amerikanischer Ideologien und Präferenzen weiterhin verstärken sollte, werden wir Europäer einen Spagat zu vollziehen haben. Einerseits brauchen wir das Verteidigungsbündnis und die Zusammenarbeit mit den USA, beides bedarf auch zukünftig der Pflege. Weil andererseits aber die Rolle der USA als Weltpolizei, verbunden mit einer etwaigen Hilfspolizisten-Rolle für die Europäer, deren Interessen widerspricht, dürfen die europäischen Nationen und die EU sich nicht in eine politische, geistige und ökonomische Abhängigkeit fallen lassen.

Die EU wird sich entscheiden müssen, ob sie auch für das

neue Jahrhundert die Vereinten Nationen, den Sicherheitsrat und die Charta der UN für wesentlich und obligatorisch ansieht und deshalb stützen will – oder ob sie die schleichende Demontage der UN in Kauf nehmen will, die von starken Kräften in der politischen Klasse Amerikas betrieben wird. Eine Demontage der UN – und ein Schicksal ähnlich dem des Genfer Völkerbundes – würde unsere Abhängigkeit von Amerika verstärken; Widerstand dagegen erfordert allerdings Zivilcourage.

Wenn die europäischen Regierungen es fertigbrächten, bei Debatten und Abstimmung im Rahmen der UN, im Sicherheitsrat und in anderen internationalen Entscheidungsgremien mit einer Stimme zu sprechen, würden sie damit einen wichtigen Schritt in das 21. Jahrhundert tun. Wenn zum Beispiel die vier europäischen Regierungen, die am alljährlichen Weltwirtschaftsgipfel beteiligt sind, gemeinsam eine Einladung an China und Rußland zur vollen, regelmäßigen Teilnahme vorschlügen, wenn die europäischen Regierungen zum Beispiel in der Welthandelsorganisation, in der Weltbank oder im Weltwährungsfonds mit gemeinsamen Positionen aufträten, so könnten sie einen großen Einfluß auf das Weltgeschehen ausüben und Vorbildfunktionen übernehmen. Die Welt weiß, daß sich die Europäer über lange Jahrhunderte gegenseitig bekriegt und umgebracht haben; um so eindrucksvoller wäre es, wenn im neuen Jahrhundert die Europäer nicht nur untereinander Frieden hielten, sondern – weit darüber hinaus – auf dem internationalen Forum mit gemeinsamen Positionen und mit einer Stimme aufträten. Aber das ist ein Vorgriff in die Zukunft.

Auf jeden Fall müssen sich die EU-Staaten gemeinsame

Positionen und Verfahren für die von Jahrzehnt zu Jahrzehnt drängender werdenden Probleme der legalen und illegalen Einwanderung und der Asylgewährung erarbeiten; wegen der offenen Grenzen innerhalb der EU müssen die Begrenzung und Kanalisierung der Zuwanderungen gemeinsam erfolgen. Aus demselben Grund bedarf es auch gemeinsamer Verabredungen zur Bekämpfung von internationaler Kriminalität, internationalem Terrorismus und von weltweiten Seuchen. Sonst könnte womöglich das Prinzip der Freizügigkeit im Gebiet der Union nicht aufrechterhalten werden; schon eine Wiedereinführung der Visumpflicht im Personenverkehr zwischen den EU-Staaten wäre ein Rückschritt, von dem negative psychologische Auswirkungen ausgehen würden.

Es wird bei alledem darauf zu achten sein, daß die Organe der EU nur dort tätig werden, wo die einzelnen Staaten für sich allein keine ausreichenden Instrumente schaffen können. Die vielen Verletzungen der Subsidiarität durch die Organe der EU haben zahlreiche Weichen für das neue Jahrhundert falsch gestellt; es dürfen keine neuen Verletzungen hinzukommen.

Die handelnden Personen im Parlament, im Rat und in der Kommission sollten am englischen, holländischen, schwedischen oder dänischen Beispiel erkennen, daß Fragen des Arbeitsmarktes und der Arbeitslosigkeit oder der Altersvorsorge durchaus im nationalen Rahmen und auch von Land zu Land verschieden lösbar sind. Die großen Probleme der Gesundung und der Erhaltung des Wohlfahrtsstaats rechtfertigen keineswegs eine Entmündigung der nationalen Parlamente und Regierungen. Wer aus der Union eine kontinentale Umverteilungsmaschine machen wollte, würde die Weichen falsch stellen. Die Idee der Herstellung gleicher materieller Lebensverhältnisse für jedermann hat sich schon im nationalstaatlichen Rahmen als unrealistisch erwiesen (der Kleinstaat Luxemburg bildet vielleicht die Ausnahme, welche die Regel bestätigt); ihre Übertragung auf 375 Millionen Menschen zwischen Kreta und dem Bottnischen Meerbusen ist bestenfalls eine idealistische Utopie, im übrigen aber grober Unfug.

Utopie heißt auf deutsch nirgendwo, und es bedeutet: niemals. Utopien können nützlich sein, jedenfalls solange sie auf dem Papier geschrieben sind und den Leser zur Kritik und zum Nachdenken zwingen. Wenn aber mächtige Regierende versuchen, mit Hilfe ihrer Regierungsgewalt eine Utopie in die gegenwärtige Wirklichkeit zu übertragen, dann können gräßliche Gefahren entstehen. So ist die Napoleonische Neuordnung Europas blutig zusammengebrochen; wegen Mao Zedongs »Großem Sprung« sind Millionen Chinesen verhungert.

Wer in einem großen Sprung die Europäische Union dergestalt vollenden wollte, daß er sie zugleich mit einer Verfassung, einer Regierung und einem Unionspräsidenten ausstattet, der würde zwar nicht notwendigerweise Menschenleben gefährden. Wohl aber würde er in vielen EU-Staaten so viel demokratische Opposition hervorrufen, daß diese das ganze Gebäude der Union zum Einsturz bringen könnte. Danach stünden wir alle wieder da, wo wir am Anfang des 20. Jahrhunderts schon einmal gestanden haben.

Die Begriffe Utopie, Vision, Strategie oder auch Zielvorstellung sind alles andere als deckungsgleich, aber sie fließen ineinander über; außerdem haben sie in verschiedenen

Sprachen verschiedene Untertöne. Im Englischen zum Beispiel würde ein Politiker, der eine utopia verfolgt, nicht ernst genommen, sondern für einen Illusionär gehalten werden; gegen einen anderen Politiker, der eine Vision verkündet, hätte man vielleicht etwas weniger einzuwenden. Was die Zukunft der EU angeht, würden die Engländer das Wort vision aber wohl mit negativem Akzent gebrauchen. Sie sind eben und bleiben Pragmatiker.

Für viele Deutsche hat wiederum das Wort Pragmatismus einen negativen Beigeschmack, so als ob ein pragmatischer Politiker keine Ethik, keine Grundlinie und keine Ziele habe (in diesem Sinne haben Teile der 68er-Studenten mich verächtlich einen Macher genannt, weil ich »keine Theorie« hätte). Ich selbst habe die pragmatische Staatskunst der Engländer immer hoch respektiert; Karl Poppers Lehre von der schrittweisen Umgestaltung politischer und gesellschaftlicher Zustände *(piece-meal social engineering)* hat mir schon früh eingeleuchtet. Nach meinen bisherigen Erfahrungen mit der europäischen Integration kann deren weitere Entfaltung auch nur schrittweise erfolgen.

»Schrittweise ja«, werden Kritiker einwenden, »aber die Schritte müssen doch auf ein Ziel gerichtet sein. Was ist das Ziel?« Die Frage nach dem Ziel, nach der endgültigen Größe, nach der inneren Struktur wie nach der äußeren Form der Europäischen Union, nach ihrer Rolle in der Welt, ihren Zwecken und Aufgaben ist öffentlich virulent geworden, seit das neue Jahrhundert in den Blick geraten ist: seit dem Ende der bipolaren West-Ost-Konfrontation und dem Ende des Kalten Krieges, seit dem Entschluß zur Einladung an zwölf weitere Staaten, Mitglied zu werden.

Zu Zeiten der Montanunion in den fünfziger Jahren und

noch zu Zeiten des gemeinsamen Marktes bis ans Ende der achtziger Jahre hat sich niemand die Frage stellen müssen, wo denn die Grenzen Europas im Osten und im Südosten liegen; heute dagegen wird ernsthaft debattiert, ob nicht auch Teile des Balkans, ob eines Tages die Türkei oder gar Rußland, die Ukraine und Belarus zur EU gehören sollen. Einstweilen sind die Fragen nach der »Finalität« der EU ohne offizielle Antwort. Wohl aber gibt es seit den neunziger Jahren eine größere Zahl von Antwortversuchen, teils von privaten Personen vorgelegt, teils von Inhabern wichtiger Ämter. Die Mehrzahl dieser Konzeptionen stammt von französischen Politikern.

Einer der ersten, die öffentlich über die Zukunft der EU nachdachten, war der Belgier Leo Tindemans, der 1975 in seinem der Gemeinschaft erstatteten Bericht ein »Europa der zwei Geschwindigkeiten« erwogen hat. Es gab damals in der öffentlichen Diskussion auch das andere Schlagwort vom »Europa mit variabler Geometrie«. Beide Schlagworte standen, vereinfachend gesagt, für die Vorstellung, daß nicht alle damaligen neun Mitgliedsstaaten und ihre Bürger an weitergehenden Integrationsschritten interessiert waren, daß sie einzelnen Schritten widersprechen würden, daß deshalb zukünftige Schritte nur schwer zustande gebracht werden könnten – und daß deshalb institutionelle Vorkehrungen nötig seien, um bei weiteren Integrationsschritten einigen Staaten die Möglichkeit zu geben, nicht daran teilzunehmen. Dieses Motiv spielt, neben anderen Motiven, in der Finalitätsdebatte am Beginn des neuen Jahrhunderts noch immer eine wichtige Rolle.

Tatsächlich hat sich im Laufe der Jahrzehnte eine Vielfalt sich überlagernder Geometrien innerhalb der EU ergeben. Der Westeuropäischen Union (WEU) gehören nur zehn der EU-Mitgliedsstaaten an, der NATO dagegen elf; vier Staaten halten an ihrer erklärten Neutralität fest, aber nichtsdestoweniger bejahen alle fünfzehn eine gemeinsame Sicherheitspolitik. Nur dreizehn Mitgliedsstaaten nehmen am Schengen-Abkommen teil, das den schrittweisen Abbau der Personenkontrollen an den Binnengrenzen der EU anstrebt; aber für alle fünfzehn gilt das EU-Prinzip der Freizügigkeit bei der Wahl von Wohnung und Arbeitsplatz. Nur elf Mitgliedsstaaten haben sich im gemeinsamen Währungsraum des Euro zusammengeschlossen, aber alle fünfzehn nehmen am gemeinsamen Markt teil.

Das NATO-Europa ist also etwas größer als das WEU-Europa, während das Euro-Europa anscheinend genauso groß ist wie das WEU-Europa; jedoch hat England nicht teil am Euro, was einen bedeutenden Unterschied macht. Das EU-Europa der Fünfzehn ist das umfassendste, aber seine Institutionen funktionieren nur unzureichend. Sofern die angestrebten institutionellen Reformen weit hinter den Notwendigkeiten zurückbleiben sollten – was man leider für möglich halten muß –, kann im Laufe der ersten beiden Jahrzehnte die Erweiterung auf bis zu 27 Mitgliedsstaaten zur Funktionsunfähigkeit der EU führen. Von dieser Erkenntnis gehen die Vorschläge Jacques Delors' aus.

Delors ist ein alter Fahrensmann, er weiß, worüber er redet; denn er hat zehn Jahre als Präsident an der Spitze der Kommission in Brüssel gearbeitet, ohne ihn wäre es nicht zur gemeinsamen Euro-Währung gekommen. Im wesentlichen laufen seine Vorschläge darauf hinaus, daß sich innerhalb der EU eine Gruppe von Staaten zusammenfindet, die wesentlich enger zusammenarbeiten als die Gesamtheit der

EU-Mitglieder; er hat sie eine »Avantgarde« von Mitgliedsstaaten genannt, die sich durch einen »Vertrag im Vertrage« aneinander binden; der EU-Vertrag enthält übrigens durch die Anerkennung des engeren Zusammenschlusses zwischen Belgien, Holland und Luxemburg (Benelux) und durch seine Flexibiliätsklausel bereits Ansatzpunkte für einen Vertrag im Vertrage. Delors denkt dabei an die sechs Staaten, die vor einem halben Jahrhundert gemeinsam den Grundstein für die heutige Union gelegt haben, nämlich die drei Benelux-Staaten sowie Frankreich, Deutschland und Italien.

Das Konzept, welches fast gleichzeitig gemeinsam von Valéry Giscard d'Estaing und mir veröffentlicht wurde, läuft auf ein ziemlich ähnliches Modell hinaus, läßt aber den Beitritt weiterer Staaten zur Sechser-Gruppe der Gründerstaaten ausdrücklich offen. Im Hinblick auf die USA, England und die NATO bleibt die gemeinsame Verteidigung Europas als gesonderte Säule stehen. Das Konzept unterstellt die Unmöglichkeit der vollen Integration von 15 plus 12 gleich 27 Staaten; deshalb sei zum Zwecke der gemeinsamen Selbstbehauptung über die nächsten zwanzig bis fünfzig Jahre ein engerer Zusammenschluß derjenigen EU-Staaten geboten, die sich wirklich integrieren wollen.

Später haben sich der deutsche Außenminister Fischer, sein französischer Kollege Védrine, Staatspräsident Jacques Chirac, Ministerpräsident Jospin und viele andere Politiker geäußert, Chirac und Fischer in der Form visionärer Rhetorik. Sie haben damit ganz offiziell auf hoher politischer Ebene eine Debatte über die Finalität der EU eröffnet. Sie waren in mehreren wichtigen Punkten durchaus verschiedener Meinung, das ist zu Beginn einer solchen

Debatte auch zu erwarten. Einig waren sie sich im Willen zur Erhaltung der Nationalstaaten: Es soll keinen Überstaat geben. Das ist eigentlich selbstverständlich.

Einmütigkeit herrschte auch darüber, daß die EU in ihrem heutigen Zustand reformiert werden muß und daß Reformen möglich sind. Leider war man sich auch einig darin, sich auszuschweigen über den Inhalt der unmittelbar anstehenden institutionellen Reformen der EU. Wenn aber das Reformproblem, für dessen Verschleppung der Europäische Rat die Verantwortung trägt, nicht rechtzeitig gelöst wird, dann wird die Finalitätsdebatte überflüssig. Dann würde eine weitgehend handlungsunfähige Europäische Union de facto zu einer großen Zollunion herabsinken, der einige Institutionen als Randverzierung und Anhängsel bleiben.

Es bleibt auf jeden Fall eine enge Zusammenarbeit zwischen Franzosen und Deutschen notwendig. Dies haben die genannten Staatsmänner verstanden und auch zu erkennen gegeben. Deshalb war das Echo in der öffentlichen Meinung Englands sehr verhalten und eher skeptisch, aus Washington war unterdrücktes Geknurre zu hören; beides muß bei späterer Fortsetzung der Finalitätsdiskussion auch zukünftig in Kauf genommen werden. Auch aus einigen kontinentalen Mitgliedsstaaten hört man Besorgnisse vor einer Führung der EU durch ein exklusives Tandem der Franzosen und der Deutschen. Deshalb ist der Gedanke einer erweiterungsfähigen Avantgarde oder einer Pioniergruppe oder eines hochintegrierten Kerns aus mehreren Staaten von Vorteil – handele es sich dabei nun zunächst um die sechs Gründerstaaten der Integration oder um die Gründerstaaten der Währungseinheit.

Mir erscheint *à la longue* eine Struktur wünschenswert, in welcher erstens die Europäische Union mit klar definierten – das heißt begrenzten – Aufgaben, Rechten und Instrumenten den Gesamtrahmen darstellt, in dessen Mitte sich zweitens ein Kern von EU-Staaten bildet, die den Willen haben, sich und ihre Politik stärker ineinander zu integrieren, als es der EU-Vertrag verlangt. Außerdem sollten sich drittens außerhalb der Union – aber durch einen weitgehenden, neuartigen Assoziationsvertrag mit ihr verbunden – jene Staaten zusammenfinden, die eigentlich Mitglieder der Union werden möchten, jedoch aus verschiedenen Gründen nicht Mitglied werden können. Wenn man ein Schlagwort dafür will: dies wäre ein Europa der *drei* Geschwindigkeiten; dabei wäre die mittlere der drei Geschwindigkeiten der Normalfall. Mit dieser Vorstellung, die sich auf den weiteren Verlauf des neuen Jahrhunderts richtet, bin ich selbst schon in der Nähe einer Vision. Trotzdem will ich noch ein weiteres Wunschbild hinzufügen, es betrifft die Rolle des Europäischen Parlaments und seiner Mitglieder.

Anders als in einem demokratisch verfaßten Staat kann das Straßburger Parlament nicht der einzige Gesetzgeber der EU sein; der Gesetzgeber ist vielmehr der Rat, das Parlament muß aber in den meisten Fällen mitwirken, so bei allen Verabredungen und Richtlinien für den gemeinsamen Markt. Anders als in einem demokratisch verfaßten Staat kann das Straßburger Parlament zwar die Kommission, aber nicht die Regierung kontrollieren, denn die EU hat keine Regierung. Die exekutiven Aufgaben liegen teils beim Rat, teils bei der Kommission, die wichtigsten Führungsaufgaben liegen beim Europäischen Rat der Staats- und Regierungschefs. Die Mitglieder beider Räte werden nicht vom Parlament gewählt.

Kontrollfunktionen und Gesetzgebungsbefugnisse des Europäischen Parlaments sind zwar jüngst erweitert worden, aber sie sind immer noch stark begrenzt.

Die sogenannten Europawahlen finden vergleichsweise geringes Interesse, die Wählerschaft kann gar nicht erkennen, worum es geht. Zum Beispiel treten in den Mitgliedsstaaten zwar Konservative, Sozialdemokraten und Sozialisten, Liberale und Grüne »für Europa« ein, jedoch bleibt undeutlich, in welchen wichtigen europäischen Fragen sie sich voneinander unterscheiden. Die europapolitische Haltung (fast) aller Parteien ist für die meisten Wähler unklar. Die Wähler sollen offenbar weder zwischen verschiedenen Konzepten für die Zukunft der Europäischen Union noch zwischen den dafür nötigen Führungspersonen entscheiden, denn beide stehen gar nicht zur Wahl.

Also bleibt den Wählern nur übrig, entweder aus Loyalität die Partei zu wählen, die sie schon immer gewählt haben – oder der Wahl fernzubleiben, weil sie doch nichts entscheidet. Der Bürger muß aber doch erkennen können, wer eine Sache wie entschieden hat und warum, wer verantwortlich ist für richtige oder falsche Entscheidungen. Zumal in Deutschland liegt hier ein eklatantes Versagen der großen politischen Parteien und ihrer Führungen vor; es bedarf der Korrektur. Jeder Wähler muß »seinen« Abgeordneten kennen können; es ist falsch, daß die Europa-Abgeordneten nicht persönlich in einem Wahlkreis gewählt werden, sondern auf einer Anonymität gewährleistenden Liste, die der Wähler nicht beeinflussen kann. Auch hier ist eine Korrektur geboten; sie ist durch Zusammenfassung mehrerer Bundestagswahlkreise zu einem Europawahlkreis ziemlich einfach zu bewerkstelligen.

Das Parlament selbst muß seine Kontrollfunktionen wirksam – medienwirksam! mittels Fernsehen – wahrnehmen, zum Beispiel durch öffentliche kritische Anhörung von Kommissionsmitgliedern oder Ratsmitgliedern. Es muß einen Teil jener Gesetzgebungsrechte erhalten, die heute vom Rat – in Wirklichkeit von 19 Räten! – ausgeübt werden. Wie auch immer sich im Laufe der kommenden Jahrzehnte die Union entwickelt, der Ausbau der Rechte und der Funktionen des Europäischen Parlaments bleibt eine unverzichtbare Aufgabe bei der Ausgestaltung des EU-Vertrages. Denn ohne eine für das Publikum glaubwürdige demokratische Kontrolle könnte die Union auf die Dauer ihre Legitimität verlieren.

Die Europäische Union hat noch keine vollständige oder endgültige Struktur, ihre heutige Gestalt ist seit einem halben Jahrhundert schrittweise gewachsen. Sie verfügt über einige solide Grundmauern, über mehrere feste Pfeiler und Tragebalken. Einige Zimmer sind schon lange fertig, andere sind halb fertig, wieder andere fehlen noch ganz. Auch die Grundmauern sind einstweilen nicht vollständig, denn noch weiß man nicht, wie groß das Gebäude schließlich sein wird. Deshalb gibt es auch noch kein endgültiges Dach. Die Zahl der Bauherren hat sich von anfangs sechs auf eine Gesellschaft von heute fünfzehn Bauherren erhöht, und weitere werden hinzukommen. Weil aber die Struktur von Anfang an politisch und ökonomisch genutzt werden mußte, zeigt das Gebäude an einigen Stellen Abnutzungserscheinungen, an anderen Stellen ist angeflickt worden. Deshalb ist jetzt ein Renovierungs- und Sanierungsprozeß notwendig.

Auch im ersten Jahrzehnt des 21. Jahrhunderts wird die

Europäische Union einem evolutionären, dynamischen Prozeß unterworfen bleiben; er wird innere Spannungen, Widersprüche und Krisen einschließen und deshalb manche schwierigen Kompromisse notwendig machen. Er wird auch Fehlentwicklungen einschließen, die später revidiert werden müssen. Wenn die Bauherren den großen Irrtum begehen sollten, ein endgültiges Dach zu errichten, bevor die Grundmauern vollständig stehen und bevor ein tragfähiger Dachstuhl errichtet ist, dann könnten sie das Gebäude zum Einsturz bringen. Für eine endgültige, vollständige Verfassung der EU ist es noch zu früh, wahrscheinlich wird man weit länger als ein Jahrzehnt damit warten müssen. Vielleicht wird man dann auf eine Verfassung ganz verzichten und sich mit einem reformierten Unionsvertrag begnügen. Eifrige Perfektionisten sind nicht gefragt.

Jedenfalls steht die Union im ersten Jahrzehnt des neuen Jahrhunderts vor einer neuartigen Fülle von gleichzeitigen Aufgaben. Sie muß sich selbst renovieren. Sie muß mit der Aufnahme zusätzlicher Mitgliedsstaaten beginnen. Sie muß die gemeinsame Außenpolitik einleiten. Sie muß die militärischen Voraussetzungen für eine gemeinsame Sicherheitspolitik schaffen. Daneben muß sie, wie bisher, die laufenden Geschäfte erledigen. Und außerdem muß sie sich um Frieden und Ordnung auf der Balkan-Halbinsel bemühen und – wichtiger noch – um ein gutnachbarliches Verhältnis zu Rußland, zur Ukraine und zu Belarus.

Wahrlich eine schwergewichtige Agenda! Gleichwohl müssen wir deswegen keineswegs zu Skeptikern oder gar zu Pessimisten werden. Denn wir werden uns stützen können auf den gemeinsamen Willen großer Mehrheiten in den meisten Nationen Europas – und auf das in der ganzen Welt einzigartige Fundament einer in Jahrhunderten geschaffenen gemeinsamen kulturellen Identität.

IV
Die gemeinsame Substanz

Der neu ins Amt des Kommissionspräsidenten berufene Romano Prodi hat zu Beginn des neuen Jahrhunderts den versammelten Staats- und Regierungschefs der Europäischen Union vorgeschlagen, eine Debatte über die Grenzen Europas zu beginnen. Jacques Delors hat dazu bemerkt, eine solche Debatte sei gefährlich, ihr Ende nicht absehbar. Statt dessen seien ganz andere Fragen vordringlich, nämlich: Was können, was wollen wir zusammen tun? Wollen die Europäer eine Rolle in der Geschichte spielen oder nicht? Wie muß die EU der Fünfzehn umgestaltet werden?

Diese Fragen sind berechtigt. Antworten der Staats- und Regierungschefs sind unter der unendlichen Flut von Absichtserklärungen und Papieren vorerst jedoch nicht zu erkennen. Delors hat deshalb schon vor langem vor einer übereilten Erweiterung der EU gewarnt und die Mahnung hinzugefügt, die Erweiterung müsse unter geopolitischem Aspekt erfolgen. In der Frage nach den geopolitischen Kriterien taucht die Frage nach den zukünftigen Grenzen der Union freilich wieder auf.

Mich hat der Disput an die Zeiten von Charles de Gaulle erinnert. Einmal hat er vom »Europa vom Atlantik bis zum Ural« gesprochen; das war Schulbuch-Geographie, politisch ergab das Wort keinen Sinn, denn es teilte Rußland –

damals die Sowjetunion – in zwei Teile. Aber de Gaulle hat auch vom »Europa der Vaterländer« gesprochen. Dieses Wort – wie auch immer es gemeint gewesen sein mag – hat mir damals gefallen. Es gefällt mir heute noch. Denn ich glaube, daß wir Europäer noch sehr lange unser jeweiliges Vaterland brauchen und daß wir deshalb noch sehr lange am Prinzip des Nationalstaats festhalten werden. Wir brauchen innerhalb der Europäischen Union unseren Nationalstaat. Ist es aber nicht auch an der Zeit, neben unserer jeweiligen nationalen Identität eine gemeinsame europäische Identität zu definieren und sie in unser Bewußtsein aufzunehmen?

Tatsächlich gibt es seit langem eine sehr weit reichende gemeinsame Identität. Sie ist für Menschen aus anderen Erdteilen oftmals allerdings leichter zu erkennen als für uns Europäer selbst. Sie bezieht sich zunächst auf die Kultur im engeren Sinne: Religion, Philosophie, Wissenschaften, Literatur, Musik, Architektur, Malerei. Sodann umfaßt sie die politische Kultur, basierend auf den Idealen der Würde und der Freiheit der Person sowie gleicher Grundrechte. Es ist die Kultur der demokratischen Verfassungen, des Rechtsstaats mit geordnetem privaten und öffentlichen Recht bei strikter Trennung zwischen weltlicher Macht und Kirche. Es ist die Kultur des Wohlfahrtsstaats und des Willens zu sozialer Gerechtigkeit. Die gemeinsame Identität umschließt die wirtschaftliche Kultur des privaten Landwirts, Unternehmers oder Kaufmanns, des freien Marktes, der freien Gewerkschaften, des zuverlässigen Geldwertes – und des gesetzlichen Schutzes vor Ausbeutung der Arbeitnehmer durch Arbeitgeber und der Verbraucher durch Kartelle oder Monopole.

Mehr unbewußt als klar und deutlich empfinden viele

der auf unserem kleinen Kontinent lebenden Menschen – vielleicht sogar die Mehrheit – diese kulturellen Gemeinsamkeiten. Wer sie aber genauer definieren will, gerät in Schwierigkeiten. Der englische Historiker Alan Bullock hat festgestellt, das Wort Kultur habe niemand je zur Zufriedenheit aller definiert, die »Encyclopaedia Britannica« habe 164 Definitionen erwähnt.

Ohne mich auf das Terrain der Geschichtsphilosophie wagen zu wollen, möchte ich darauf hinweisen, daß die kulturelle Gemeinsamkeit der Europäer auch gemeinsame Irrtümer und Sünden einschließt. Wir verdrängen gemeinsam gern einige sehr unerfreuliche Tatsachen. Zum Beispiel die Tatsache, daß der Aufklärung Jahrhunderte der gewalttätigen Kreuzzüge vorangegangen sind, Inquisition, Verbrennungen von sogenannten Ketzern und angeblichen Hexen, Folterungen, antisemitische Pogrome und andere gemeineuropäische Scheußlichkeiten. Zum Beispiel die Tatsache, daß der Durchbruch der Vernunft im Zeitalter der Aufklärung zwar von Menschen zustande gebracht wurde, die im Christentum aufgewachsen sind, daß aber die Ideale der Freiheit und der Gleichheit – anders als das Ideal der Brüderlichkeit – weder in der Bibel noch in der Praxis der Kirche ihre Wurzeln haben. Die Demokratie, der Rechtsstaat, auch der Kapitalismus stammen nicht aus der Lehre Jesu und nicht aus der Lehre des Paulus. Wenn vom »christlichen Abendland« die Rede ist, dann wird gern die Tatsache verdrängt, daß unsere europäischen Vorfahren *nach* ihrer Christianisierung über ein Jahrtausend in sehr unchristlicher Weise Kriege gegeneinander geführt haben: Raub- und Eroberungskriege, Religionskriege, Kriege um der Macht und der Dominanz willen, Vernichtungskriege.

Dieser gemeinsamen Negativ-Liste steht freilich eine sehr viel längere Positiv-Liste gegenüber. Auf ihr finden sich die gemeinsamen griechischen, römischen und christlichen Elemente unserer Kultur, die wir im Laufe von über eintausend Jahren schrittweise adoptiert und verinnerlicht haben, einschließlich des gemeinsam benutzten lateinischen Alphabets und seiner Buchstabensymbole. Dazu gehören die seit dem Hochmittelalter über ganz Europa sich ausbreitende Institution der Universität und, seit gut zwei Jahrhunderten, die allgemeine Schule für jedermann. Vor allem aber der allgemeine und weitgehend gemeinsame Wille, voneinander zu lernen. Tatsächlich hat es in keinem anderen Erdteil jemals ein so hohes Maß an gegenseitiger Beeinflussung und Befruchtung zwischen Völkern sehr verschiedenen Ursprungs und sehr verschiedener Sprachen gegeben.

Der europäische Kontinent, vor allem sein westlicher Teil, ist von der Natur überaus begünstigt: keine Wüsten, keine übermäßige Hitze oder Kälte, infolgedessen relativ wenig Krankheiten, keine Trockenperioden, sondern Regen über das ganze Jahr verteilt; geographisch stärker gegliedert und von größerer Vielfalt als die anderen Erdteile, aber ohne unüberwindliche natürliche Barrieren. Die gemeinsame europäische Kultur verdankt sich zum Teil diesen günstigen natürlichen Bedingungen. Im wesentlichen beruht sie jedoch auf gemeinsamer Erfahrung, gemeinsamem Wissen, gemeinsamen Symbolen – alles entstanden auf der Grundlage einer geschichtlich einmaligen Offenheit für Impulse und Anregungen der jeweiligen Nachbarn.

Es kennzeichnet die Gemeinsamkeit der kulturellen Entwicklungen in den europäischen Nationen, daß sie nicht bloß die zivilisationstechnischen Erfindungen und Fortschritte ziemlich schnell voneinander übernommen haben, sondern daß sie weitgehend auch den gleichen geistigen Einflüssen unterlagen: Romanik, Gotik, Renaissance, Scholastik, Humanismus, Barock, Aufklärung, Klassizismus, Romantik, Rechtsstaat, Demokratie, Wohlfahrtsstaat.

Es wäre zu wünschen, daß wir – dem Appell Fritz Sterns folgend – endlich von einer im wesentlichen nationalen Geschichtsschreibung wegkommen und zu einer gemeinsamen europäischen Geschichtsschreibung gelangen. Sie sollte sich nicht mit der Ereignisgeschichte begnügen, sondern ebenso die gemeinsame Evolution der Kultur – im allgemeinsten Sinne des Wortes – allgemein anschaulich machen und ins Bewußtsein heben. Es wird sich dann zeigen: Die Europäische Union ist zwar durchaus eine »Rechtsgemeinschaft«, wie heute vielfach gesagt wird. Aber sie reicht sehr viel weiter.

Die gemeinsame kulturelle Entwicklung hat einige Völker und Staaten des Kontinents allerdings weniger berührt und erfaßt als andere. Die heutigen fünfzehn Mitgliedsstaaten der EU gehören zu der großen Mehrheit jener Nationen, die von der gemeinsamen europäischen Kultur geprägt sind. Nicht unbedingt dazu gehört jeder der Staaten, die auf der Liste der Kandidaten zur Aufnahme in die Europäische Union stehen. Auch wenn sie sich später, infolge ihrer eigenen inneren Entwicklung, möglicherweise in die gemeinsame europäische Kultur integrieren, so ergeben sich hieraus doch einige Antworten auf die Frage nach »den Grenzen Europas«, die für die Gegenwart jedenfalls ausreichen.

Über die Zugehörigkeit der Polen, der Ungarn und der

Tschechen zur gemeineuropäischen Kultur kann es keinen Zweifel geben, alle drei Nationen haben über Jahrhunderte unverwechselbare Beiträge geleistet. Die drei baltischen Republiken Estland, Lettland und Litauen gehören gleichfalls dazu, ebenso Slowenien.

Eine Sonderstellung nimmt Zypern ein, das sich in seinem kulturellen Charakter – außer im heute türkischen Teil der Insel – kaum von dem EU-Mitgliedsstaat Griechenland unterscheidet. Die anderen Beitrittskandidaten Rumänien, Bulgarien, die Slowakei und Malta lassen hinsichtlich ihrer kulturellen Zugehörigkeit einige Zweifel aufkommen. Die hier nicht genannten Balkan-Völker, die einstweilen keine Beitrittskandidaten sind, haben sich nur in beschränktem Maße in das kulturelle Kontinuum Europas integriert.

Dies letztere gilt ähnlich für Rußland, die Ukraine und Belarus, die alle drei über Jahrhunderte eine in hohem Maße eigenständige, nur untereinander verwandte kulturelle Entwicklung durchlaufen haben. Trotz der Aufnahme kultureller Impulse aus dem Westen und trotz eigener Beiträge zur gesamteuropäischen Kultur müssen sie mit ihren zusammen mehr als zweihundert Millionen Menschen als ein eigener Kulturkreis betrachtet werden (ich gebrauche den Kulturbegriff hier grundsätzlich im umfassenden Sinn, also unter Einschluß der politischen, sozialen und wirtschaftlichen Kultur). Daß die Türkei außerhalb des europäischen Kulturkreises liegt, steht außer jedem vernünftigen Zweifel.

Sowohl Rußland (in der Gestalt des zaristischen Rußland ebenso wie in der Gestalt der Sowjetunion) als auch die Türkei (ein halbes Jahrtausend in Gestalt des Osmanischen Reiches) haben seit dem Beginn der Neuzeit eine große Rolle in der europäischen Geschichte gespielt, sie werden auch zukünftig für die Europäische Union eine große Bedeutung haben. Weil der Europäische Rat der Staats- und Regierungschefs die Türkei *pro futuro* als Beitrittskandidaten bezeichnet hat und weil es Stimmen gibt, die davon sprechen, in fernerer Zukunft westliche Teile des russischen Kulturkreises in die EU aufzunehmen, will ich an dieser Stelle kurz begründen, warum mir derartige Erweiterungsideen als ganz abwegig erscheinen. Dabei müssen neben den kulturellen insbesondere die geopolitischen Aspekte hervorgehoben werden.

Die eigenständige Kultur Rußlands

Es gibt auf dem Erdball vierundzwanzig Zeitzonen. Davon erstrecken sich elf über das riesige Gebiet des eurasischen Staates Rußland (zum Vergleich: die USA umfassen vier Zeitzonen). Vom Pazifischen Ozean im Osten bis zur Ostsee im Westen reicht das Territorium Rußlands fast über eine Hälfte der Erde. Der größere Teil des russischen Territoriums liegt in Asien, mit endlos langen Grenzen zu China und zu den zentralasiatischen Republiken, die noch vor zehn Jahren Teil der Sowjetunion gewesen sind. Die Grenz- und Gebietsstreitigkeiten mit China reichen bis tief in das 17. Jahrhundert zurück, es ging immer um Weideland, um Bodenschätze, um Besitz. Von den vielen kleineren und größeren Kriegen haben wir im Westen fast gar nichts gehört oder gelesen. Rußland hat mehrere Jahrhunderte gebraucht, um seinen riesigen asiatischen Besitz zu erobern und zu konsolidieren.

Viele lieben die russische Musik: die großartigen Chöre, Tschaikowski und Mussorgski, Strawinski, Prokofjew oder Schostakowitsch. Viele kennen auch die große russische Literatur des 19. Jahrhunderts: Puschkin und Gogol, Dostojewski und Tolstoi. All das sind unverwechselbare Beiträge zur europäischen Kultur. Von Rußlands Geschichte hingegen, von dem psychologischen, politischen und ökonomischen Erbe, das die heutigen Russen zu bewältigen und zu verarbeiten haben, besitzen wir nur eine geringe Kenntnis.

Wir kennen aus der russischen Geschichte ein paar Herrscherfiguren: Iwan IV., den Schrecklichen, Peter den Großen, Lenin, Stalin, Breschnew – aus der Gegenwart Gorbatschow und Jelzin. Aber wer von uns weiß etwas über die Rolle der Kiewer Rus – vor eintausend Jahren der erste russische Staat – oder über die Rolle der russisch-orthodoxen Kirche, die seit dem 14. Jahrhundert in Moskau nicht nur ihr Zentrum hat, sondern die Stadt auch in der Nachfolge von Byzanz sieht: »das dritte Rom – und ein viertes wird es niemals geben«. Mir scheint, daß das in der russischen Geschichte seit Iwan IV. immer wiederkehrende Motiv, über das Gebiet des eigenen Staates hinaus eine russische Mission erfüllen zu müssen, auf dem Boden der orthodoxen Kirche gewachsen ist.

Der selbstverschuldete Zusammenbruch der Sowjetunion mit all seinen Konsequenzen schließt für die Russen die schmerzvolle Erfahrung vom Fehlschlag der russischen Mission ein. Dieser Verlust und dazu das vielfältige Triumphgehabe des Westens machen den Argwohn vieler Russen gegenüber westlichen Avancen, Ratschlägen und Kritiken verständlich. Am Ende des 20. Jahrhunderts war das

Territorium Rußlands deutlich kleiner geworden, als es am Beginn des Jahrhunderts unter den Zaren gewesen ist; zugleich war die NATO, der große Feind in den fünfundvierzig Jahren des Kalten Krieges, vom Harz über Oder und Weichsel hinweg bis an den Bug um tausend Kilometer näher an Rußland herangerückt. Wer im Westen angesichts dieser Lage den Russen überheblich den Respekt verweigert, auf den diese große Nation Anspruch hat, der gießt Säure in eine Wunde.

Die bei weitem größeren Probleme Rußlands in den nächsten Jahrzehnten liegen jedoch innerhalb seiner eigenen Grenzen. Die politischen, ökonomischen und sozialen Aufgaben sind ungleich schwieriger zu lösen als die vergleichbaren Aufgaben, vor denen wir Deutschen im Jahre 1949 standen. Es gibt keinerlei Strukturen und kaum eigene Erfahrungen, auf die man den Wiederaufbau Rußlands gründen kann. Es handelt sich in Wahrheit weder um Reparatur noch um Wiederaufbau, sondern um die Notwendigkeit eines Neubaus.

Für diesen politischen Neubau findet sich im eigenen Land keine andere Tradition als die des seit Jahrhunderten ununterbrochenen Absolutismus, zunächst der Zaren und ihrer Günstlinge, im 20. Jahrhundert der Generalsekretäre der KPdSU und ihres Politbüros. Rußland hat im 19. und im 20. Jahrhundert keine Rechte der Person und keine Bürgerrechte entwickelt, keine Rechtskultur, weder ein funktionierendes, verläßliches öffentliches Recht und Privatrecht noch eine unabhängige Justiz. Es gab keine kommunale Selbstverwaltung und keine Entwicklung in Richtung auf eine demokratische Struktur. Diejenigen in der Intelligenzija, die, von Westeuropa inspiriert, Öffnung und

Reform vertraten, wurden zunächst von den Zaren als »Westler« verfolgt – später von den Kommunisten. Während der letzten beiden Jahrhunderte herrschte eine kontinuierliche Tradition des Mißtrauens gegenüber westlichen Einflüssen. Die für Europa (und Nordamerika) politisch grundlegende Ära der Aufklärung hat Rußland nicht wirklich berührt – ebensowenig wie vordem der Humanismus, die Scholastik oder die Renaissance.

Ökonomisch war das Land bis ans Ende des 19. Jahrhunderts im wesentlichen ein Agrarland im Besitz adliger Gutsherren. Private industrielle Unternehmen waren selten, erst um 1890 begann der Aufbau von Schwer- und Rüstungsindustrien. Zur Zeit von Lenins Machtantritt war das landwirtschaftliche Proletariat weit zahlreicher als das industrielle. Bis zum Zweiten Weltkrieg hat sich diese Situation zunächst nur langsam, sodann aber in einer gewaltigen Anstrengung schnell verändert. Die gesamte Industrie, die gesamte Landwirtschaft, alle Banken und ebenso der Handel lagen jetzt allerdings in der Hand des Staates, das heißt der Kommunistischen Partei. Ihre Bürokratien entschieden über Aufträge, Material- und Rohstoffzuweisung, über Produktion, Löhne und Preise und darüber, an wen zu liefern war.

Als Gorbatschow in den späten achtziger Jahren Perestroika ins Werk zu setzen versuchte, gab es weder Unternehmer noch Gewerkschaften, die solche Namen verdient hätten. Es gab keine Manager, die Erfahrung mit offenen Märkten und mit Wettbewerb hatten. Es gab kein funktionierendes Steuersystem. Zwar gab es längst erstklassige Naturwissenschaftler und Ingenieure, aber sie arbeiteten für Rüstung und Raumfahrt, und die Massen der arbeitenden Lohnempfänger hatten davon kaum einen Vorteil. Der Staat hatte die Notenpresse, mit welcher er Rubel drucken konnte – was er in opulentem Umfang tat.

Die überhastete Privatisierung mußte in dieser Lage schiefgehen. Es gab keine Kapitalisten oder Personen mit privatem Vermögen, die einen Staatsbetrieb hätten kaufen können; statt dessen gab es reihenweise Wirtschaftsfunktionäre, die sich auf illegitime Weise gegenseitig ganze Konzerne zuschanzten und sich jetzt als Großunternehmer fühlten. Törichte Ratschläge westlicher Regierungsstellen und des IMF sorgten dafür, daß die Grenzen für westliche private Kredite (einschließlich kurzfristigen Geldes!) geöffnet wurden, welche sogleich in die Hände der neuen Privatunternehmer kamen. So entstand zwangsläufig die schmale neue Oberschicht der »Oligarchen« – und die »russische Mafia«.

Die Russen werden eine ganze Generation brauchen, um ihr Land politisch, ökonomisch und sozial in eine für sie selbst akzeptable Ordnung zu bringen – möglicherweise noch länger. Weil das russische Volk genügsam und leidgeprüft ist, halte ich es alles in allem für wahrscheinlich, daß der Aufbau gelingt. Freilich werden sich die politischen, die ökonomischen und sozialen Strukturen des Riesenreiches Rußland danach stark unterscheiden von denjenigen, die wir in Skandinavien, in West- und Mitteleuropa und bei den europäischen Mittelmeer-Anrainern gewohnt sind.

Regierung und Exekutive in Moskau werden innenpolitisch sehr viel größere Macht haben als die Regierungen der EU-Staaten. Das muß aber eine Kooperation der EU mit Rußland keineswegs behindern, im Gegenteil: In absehbarer Zeit wird ein weitreichender Kooperationsvertrag zwischen der EU und Rußland fällig. Erwünscht sind jedoch keine unerbetenen Ratschläge, sondern gemeinsame Vorhaben; zum Beispiel habe ich mir 1990/91 gewünscht, Deutschland würde eine Transrapid-Strecke anbieten, die Paris über Brüssel, Ruhr, Berlin und Warschau mit Moskau verbindet.

Die EU sollte nicht nur auf dem Gebiet von Handel und Finanzen, sondern vor allem auch in der Diplomatie ein zuverlässiger Partner Rußlands sein. Mein wichtigster Rat: In keiner Krise und auf keinen Fall den nationalen Stolz der Russen verletzen! Natürlich wird auch Rußland Krisen erleben, und wie fast überall in der Welt birgt eine innere Krise auch in Moskau die Versuchung, sie durch außenpolitische Erfolge zu kompensieren. Es wäre in meinen Augen verwunderlich, wenn Rußland im Laufe des neuen Jahrhunderts nicht danach trachten sollte, sich wieder mit der Ukraine und mit Belarus zu vereinigen. Immerhin sind beide Staaten jahrhundertelang Teil des Zarenreiches und später des kommunistischen Reiches gewesen.

Alles, was hier über die Geschichte, über die gegenwärtige Lage und die vermutliche Zukunft der Russen gesagt wurde, gilt ähnlich auch für die Ukrainer und die Weißrussen. Die drei Völker des russischen Kulturkreises müssen selbst über ihre Zukunft entscheiden. Die Staatsmänner an der Spitze der Europäischen Union sollten sich hüten, durch unüberlegtes Beitrittsgerede, zum Beispiel an die Adresse der Ukraine, diese Zukunft beeinflussen zu wollen. Wir dürfen zwei Tatsachen nie vergessen: Rußland ist und bleibt geopolitisch eine Weltmacht. Und sowohl Rußland als auch die Ukraine und Belarus sind von einer gemeinsamen, geschichtlich gewachsenen eigenen kulturellen Substanz, die sich von der gemeinsamen Substanz der fünfzehn Mitgliedsstaaten der Europäischen Union wesentlich unterscheidet.

Nachbarschaft mit dem Islam

Vor eintausend Jahren ist die islamische Wissenschaft derjenigen der Europäer weit überlegen gewesen. Uns heutigen Europäern ist dies zumeist nicht bewußt. Kaum jemand weiß, daß das in der Mitte des 8. Jahrhunderts errichtete maurische Kalifat in Cordoba über lange Zeit ein herausragendes geistiges Zentrum gewesen ist, dem Europa in fast allen Wissenschaften einschließlich Philosophie und Theologie wichtige Kenntnisse und Einsichten verdankt. Es waren arabische Gelehrte in Cordoba, die – gemeinsam mit christlichen und jüdischen Gelehrten – dem mittelalterlichen Europa die Schriften und das Wissen der klassischen griechischen Autoren vermittelt haben (übrigens haben die Araber damals auch einige Zivilisationstechniken der Chinesen nach Europa vermittelt). Das medizinische Handbuch des Persers Avicenna (arabisch: Ibn Sina, gestorben 1037) hat über das ganze Mittelalter den Ärzten Europas als Lehrbuch gedient, ähnlich das medizinische Werk des in Cordoba lebenden Mauren Averroes (arabisch: Ibn Ruschd, gestorben 1198). Es waren die von den Päpsten inspirierten Kreuzzüge gegen die Muslime im Mittleren Osten (ab 1096) und die gleichermaßen gegen Muslime wie Juden gerichtete Reconquista in Spanien (beendet 1492), welche den geistigen Kontakt zwischen den christlichen Europäern und den islamischen Arabern praktisch beendet haben.

218 Die gemeinsame Substanz

Die heutige europäische Kultur enthält vielfältige und starke islamische Einflüsse. Dennoch gibt es seit dem Mittelalter in der Volksmeinung der Europäer, jahrhundertelang genährt durch die Kirchen, eine gefühlsmäßige Abneigung gegen den Islam. Dies wäre für beide Seiten vielleicht erträglich, wenn wir weit voneinander entfernt wohnten; tatsächlich aber leben wir nahe beieinander, und die modernen Verkehrstechniken lassen die Entfernungen stetig weiter schrumpfen. Von Marokko und Algerien bis nach Ägypten, von Iran und Irak bis in die Türkei, auch auf dem Balkan leben in unserer Nähe über 300 Millionen Menschen islamischer Religion und Kultur. Ihre Geburtenraten sind doppelt so hoch wie diejenigen der Europäer. Es wird Zeit, daß beide Seiten lernen, sich gegenseitig als Nachbarn anzunehmen.

Die Annäherung wird dadurch erschwert, daß die geringen Kenntnisse der Europäer über den Islam von negativen Vorurteilen beeinflußt sind und daß andererseits die große Mehrheit der in unserer Nachbarschaft lebenden Muslime einen deutlich geringeren Lebensstandard hat als die große Mehrheit der Europäer. Das wiederum führt zu muslimischen Zuwanderungen in Staaten der Europäischen Union; bei steigender Zuwanderung aber steigt das Unbehagen unter den Europäern und führt oft genug zu Ablehnung und auch zu Feindschaft.

Heute leben in Deutschland und in Frankreich jeweils drei Millionen Muslime, in England anderthalb Millionen, in Holland eine halbe Million. Eine Integration im Sinne eines »Schmelztiegels« ist nirgendwo wirklich gelungen (am allerwenigsten in Deutschland, wo bis vor kurzem sogar den hier geborenen und hier aufgewachsenen Kindern muslimischer Zuwanderer die Staatsbürgerschaft verwehrt worden ist). Auch für die Zukunft ist eine wirkliche Integration zusätzlicher Zuwanderer nicht zu erwarten; die Zuwanderung bedarf deshalb der gemeinsamen Begrenzung durch die Europäische Union.

Vor zwei Jahrzehnten hat mir ein türkischer Ministerpräsident einmal erklärt, angesichts der hohen Geburtenraten in seinem Land müsse die Türkei bis zum Ende des 20. Jahrhunderts (also bis gestern) weitere zwanzig Millionen türkischer Menschen nach Deutschland schicken. Ich habe das damals abgelehnt. Wenn es in Zukunft jemals zu einer derart massiven Einwanderung kommen sollte, so würde in der Folge mindestens die Freizügigkeit innerhalb der EU aufgehoben werden – möglicherweise ginge aber noch mehr zu Bruch. Die Türkei umfaßt heute 65 Millionen Menschen, binnen 35 Jahren wird die Einwohnerzahl auf 100 Millionen ansteigen; nach den heutigen Prognosen wird es gegen Ende des 21. Jahrhunderts ebenso viele Türken geben wie Deutsche und Franzosen zusammen. Wer die Türkei in die EU aufnehmen will, sollte diese Zahlen im Kopf haben.

Er muß sich auch fragen, wie denn eine »gemeinsame Außenpolitik« unter Einschluß der Türkei beschaffen sein soll. Die Türkei hat gemeinsame Grenzen mit Syrien, dem Irak, Iran und Armenien; sie liegt seit Jahrhunderten im Streit mit Griechenland, keineswegs allein über Zypern. Nahezu zwangsläufig ist die Türkei indirekt an jedem künftigen Krieg im Mittleren Osten beteiligt, sie hat in dieser Region wichtige eigene Sicherheitsinteressen. Das Problem der insgesamt wahrscheinlich rund 20 Millionen Kurden, denen die Siegermächte des Ersten Weltkriegs bei der Aufteilung des alten Osmanischen Reiches leider keinen eigenen Staat gegeben haben, lastet nicht nur auf der Türkei, sondern auch auf dem Irak (in beiden Staaten lebt jeweils knapp die Hälfte der Kurden, außerdem leben Kurden in angrenzenden Gebieten Syriens, des Libanon und des Iran).

Die jahrhundertealte Animosität zwischen Türken und Russen kann wieder aufleben, nachdem viele Völker in Zentralasien ihre Unabhängigkeit zurückgewonnen haben. In den sunnitisch-islamischen Republiken werden Sprachen gesprochen, die dem heutigen Türkisch nahe verwandt sind; diese Sprachverwandtschaft, welche Dolmetscher vielfach überflüssig macht, reicht bis zu den Uiguren im Westen der chinesischen Provinz Sinkiang. Auch wegen des zentralasiatischen Öls und der Rohrleitungen wird es tendenziell Interessenkonflikte mit Rußland geben, das den Verlust der fünf zentralasiatischen Republiken noch lange nicht verschmerzt hat.

Der NATO-Mitgliedsstaat Türkei findet sich zukünftig wahrscheinlich in einer komplizierteren Situation als ehedem zu Zeiten des Kalten Krieges zwischen Ost und West. In den Augen der heutigen amerikanischen Politiker bleibt die Türkei ein wichtiger Pfeiler ihrer Strategie der Dominanz im Mittleren Osten, gegenüber Rußland und gegenüber der EU – weswegen Washington nachdrücklich die Aufnahme der Türkei in die EU betreibt.

Abgesehen von den hier angedeuteten geopolitischen Zusammenhängen ist für die Beitrittsabsicht der Türkei zur EU eine Reihe grundlegender kultureller Unterschiede von entscheidender Bedeutung. Die Türkei ist, dank der Reformen Kemal Atatürks in den zwanziger und dreißiger Jahren, ein laizistischer Staat. Der Feudalismus ist abgeschafft; anders als im Iran gibt es eine klare Trennung zwischen Staat und Geistlichkeit; anders als im Irak und in Syrien gibt es eine funktionierende demokratisch-parlamentarische Verfassung.

Die eigentliche Macht liegt jedoch beim Sicherheitsrat, in dem – unter Vorsitz des Staatspräsidenten – nichts gegen die oberste Generalität entschieden werden kann. Die militärischen Spitzen wachen über die Einhaltung der kemalistischen Reformen, sie stehen gegen die schleichende Re-Islamisierung der Gesellschaft und des öffentlichen Lebens in Sitten und Gebräuchen. Die oberste Kontrollfunktion der Militärs verschafft den laizistisch gesinnten Türken eine gewisse Sicherheit, obwohl sie ironischerweise die Demokratie einschränkt. Aber der Ausgang des Re-Islamisierungsprozesses ist ungewiß, Fundamentalismus ist denkbar geworden.

Ich habe die Türkei mehrfach besucht, auch privat. Als Bundeskanzler habe ich eine internationale Initiative für einen größeren Beistandskredit an die Türkei zustande gebracht. Ich habe mich immer als ein befreundeter Nachbar der Türken empfunden, so auch heute. Angesichts der großen kulturellen Unterschiede und angesichts der geopolitischen Bedenken muß ich allerdings dem früheren französischen Außenminister André François-Poncet beipflichten und von einer Aufnahme der Türkei in die Europäische Union abraten. Die Unterschiede zur europäischen Kultur sind weit größer als im Falle Rußlands oder der Ukraine. Wer die Türkei gleichwohl in die EU aufnehmen will, muß wissen, mit welchen Argumenten er später etwaige Beitrittsanträge Ägyptens, Marokkos, Algeriens oder Libyens ablehnen will. In Ägypten und Marokko jedenfalls haben wir es mit politischen Strukturen zu tun, welche denen der Türkei ähneln. Alle diese Staaten liegen auf dem Boden anderer Kontinente. Aber eine Ausweitung der EU nach Asien und nach Afrika wäre ein größenwahnsinniger Unfug.

Es bleibt die Tatsache, daß der Europäische Rat die Türkei kürzlich offiziell zum Beitrittskandidaten erklärt hat. Dem liegen zum einen eine Absichtserklärung der damaligen EWG aus den frühen sechziger Jahren und zum anderen diplomatischer Druck durch Amerika zugrunde. Freilich war die Erklärung der Regierungs- und Staatschefs nicht ohne Hintergedanken. Sie verlassen sich nämlich darauf, daß die Türkei in absehbarer Zukunft nicht in der Lage sein wird, die für alle beitrittswilligen Staaten gleichermaßen geltenden Voraussetzungen zu erfüllen und insbesondere den Minderheitenschutz für den großen kurdischen Bevölkerungsteil herzustellen. Es wäre besser gewesen, mit offenen Karten zu spielen. Das Präjudiz aus Zeiten der EWG, vierzig Jahre zurückliegend, kann die heutige politische Union nicht binden; sie ist inzwischen etwas ganz anderes geworden, als unter damaligen Umständen vorauszusehen war. Was die Türkei braucht, ist ein weitreichender Vertrag über Assoziation, Kooperation und gegenseitige Zollfreiheit; die Europäische Union sollte sich zu einem solchen Vertrag bereit finden.

In den vom Islam geprägten Völkern und Staaten des Mittleren Ostens und Nordafrikas wie auch in der Kaukasus-Region ist der politische Einfluß der muslimischen Geistlichkeit unterschiedlich groß, bei den Schiiten wohl generell größer als bei den meisten Sunniten. Hinzu kommt, daß die koranischen Traditionen keine Zwei-Reiche-Lehre kennen; die Religion beansprucht unmittelbaren Einfluß auf die Bereiche des öffentlichen und politischen Lebens. Die gesellschaftlichen und politischen Strukturen sind, verglichen mit Europa, relativ instabil. In mehreren Staaten sind gewaltsame Regimewechsel oder Umsturzversuche denkbar, dabei kann religiöser Fundamentalismus eine Rolle spielen – der Iran unter Ayatollah Chomeini gab dafür ein Beispiel. Besonders in übervölkerten Städten, in denen Massen in Armut leben, hat der Fundamentalismus große Chancen. Manch einer versucht von massenhafter sozialer Not abzulenken, indem er die Europäer – oder die Amerikaner – als die Verantwortlichen denunziert. So mischen sich religiöse, soziale und nationalistische Motive zu einem Amalgam.

Der Nährboden für dergleichen liegt einerseits in der Tatsache, daß die islamischen Gläubigen heute von ihren Priestern und Lehrern kaum jemals ein positives Wort über die Christen hören, wie umgekehrt die Christen von ihrer Geistlichkeit kaum jemals ein positives Wort über den Islam zu hören bekommen. Die Geistlichkeit der beiden großen Religionen hat kaum jemals religiöse Toleranz gepredigt – ganz im Gegenteil. Andererseits vermittelt die globalisierte Trivialkultur ausländischer Fernsehunterhaltung den muslimischen Menschen in penetranter Weise den Eindruck der Wertelosigkeit des Westens, zumal wegen der tausendfachen Darstellung von Mord und Gewalttat. Sie provoziert vielfach zur Verdammung – und die Schaustellung des höheren westlichen Lebensstandards kommt noch hinzu. Angesichts der Bevölkerungsexplosion in fast allen islamischen Staaten in unserer Nachbarschaft liegt in diesen Umständen für den Verlauf des 21. Jahrhunderts eine Gefahr für den Frieden.

Deshalb ist es aus praktisch-politischen wie aus moralischen Gründen geboten, in den Kirchen, den Moscheen und Synagogen, in den Schulen und den Universitäten, in den Medien und in der Politik für religiöse Toleranz einzutreten, für den Respekt gegenüber anderen religiösen Überzeugungen.

Respektieren kann man nur, was man erkennt. Das gilt für beide Seiten. Deshalb brauchen wir Europäer ein Minimum an Wissen über den Islam. Wir müssen lernen, daß gewalttätiger islamischer Fundamentalismus genausowenig die Weltreligion des Islam charakterisiert wie etwa gewalttätige israelische Fundamentalisten das Judentum oder gewalttätige christliche Fundamentalisten die westliche Kultur repräsentieren.

Wir müssen lernen, daß die drei abrahamitischen Religionen, die jüdische, die christliche und die islamische Religion, alle aus der gleichen geschichtlichen Wurzel stammen, daß alle drei zu dem einen Gott beten. Daß die drei heiligen Bücher Thora, Neues Testament und Koran geschichtlich, religiös und geistig miteinander zusammenhängen, daß sie gemeinsame ethische Grundnormen und Grundwerte lehren. Und auch: daß gleichwohl den Gläubigen aller drei Religionen auch der tausendfache Verstoß gegen die Grundnormen gemeinsam ist.

Es wird für den Frieden im 21. Jahrhundert keineswegs ausreichen, wenn der Westen eine globale Akzeptanz der Menschenrechte verlangt. Mit Recht hat Roman Herzog festgestellt, daß wir nicht von anderen Völkern verlangen können, »in dreißig Jahren die Entwicklung nachzuvollziehen, für die wir (selbst) dreihundert oder vierhundert Jahre gebraucht haben«. Unsere religiöse Toleranz ist notwendig; denn es darf nicht zu einem *clash of civilizations* zwischen islamischer und europäischer Kultur kommen.

Wir Europäer müssen die religiöse und kulturelle Identität unserer islamischen Nachbarn nicht zuletzt auch deshalb respektieren, um auf Dauer unsere eigene, gemeineuropäische Identität bewahren zu können. Gute Nachbarschaft mit dem Islam wird im Laufe des neuen Jahrhunderts zu einer der Bedingungen für die Selbstbehauptung Europas werden. Es könnte sogar dahin kommen, daß der Frieden der Europäischen Union davon abhängt.

Das geistige Europa im Zeitalter des Kapitalismus

Der Spanier Ortega y Gasset hat über den »geistigen Besitz« der Völker Europas gesagt, vier Fünftel seien europäisches Gemeingut, lediglich das letzte Fünftel entstamme dem jeweiligen Vaterland. Dieses Wort gilt nach meiner Überzeugung für die Kultur im umfassendsten Sinn – und damit auch für die politischen Ideologien, die im 20. Jahrhundert in Europa eine Rolle gespielt haben und zum Teil auch morgen noch spielen werden.

Vor hundert Jahren waren Nationalismus und Chauvinismus auf unserem Kontinent weit verbreitet, daneben der demokratisch gesinnte Sozialismus, bald danach auch der Marxismus (später kam der »Marxismus-Leninismus-Stalinismus« hinzu). Über mehrere Jahrzehnte war der antidemokratische Faschismus in verschiedenen Spielarten verbreitet, darunter der deutsche Nationalsozialismus (für den die gängige Bezeichnung als Faschismus eine moralisch eigentlich unzulässige, weil schönfärberische Schmeichelei ist). Nach dem Zweiten Weltkrieg fand vorübergehend die chinesisch-kommunistische Ideologie des Maoismus und der »Kulturrevolution« Eingang in die Köpfe jugendlicher Intellektueller. Fast allen Ideologien eignet, ungeachtet ihrer mehr philosophischen oder mehr gesellschaftlichen und ökonomischen Ausrichtung, eine arrogante Exklusivität.

Die ökonomischen Ideologien, welche die zweite Hälfte des 20. Jahrhunderts bestimmten, haben nur zum Teil einen Namen: Keynesianismus, Neo-Liberalismus, Soziale Marktwirtschaft, Monetarismus. Keinen Namen hat dagegen jene Praxis, die nach 1945 in Europa am weitesten verbreitet war: die Kombination eines makroökonomisch planenden und soziale Wohlfahrt besorgenden Staates mit privatem Unternehmertum und freien Gewerkschaften; diese Praxis wurde auch nicht als Ideologie empfunden. Weil die europäischen Gesellschaften ähnlich strukturiert sind, auch und gerade in wirtschaftlicher und sozialer Hinsicht, konnten fast alle Ideologien in den meisten Staaten der heutigen Europäischen Union Fuß fassen.

Heutzutage gilt in Europa allgemein der Markt als das ökonomisch optimale Steuerungsinstrument – allerdings innerhalb bestimmter Grenzen; dabei gibt es vielerlei verschiedene Märkte. Jener amerikanische Fonds-Manager, der 1992 die englische Regierung währungspolitisch in die Knie zwingen konnte, hat ohne Zweifel am freien Markt operiert; ein gleiches gilt für jene kleine Gruppe von amerikanischen Fonds-Managern, deren fehlgeschlagene Spekulation einige Jahre später eine so gefährliche Domino-Reaktion hätte auslösen können, daß sich das amerikanische Zentralbanksystem (und eine Reihe großer Banken) gezwungen sah, den Fonds zu retten (ich bin immer noch der Ansicht, es wäre besser gewesen, den LTCM-Fonds zwecks Abschreckung kollabieren zu lassen).

»Der Markt« an sich läßt ungeheure Machtballungen zu, insbesondere wenn es sich um einen der *Welt*märkte handelt, die von keiner nationalen Regierung reguliert werden können. Wir müssen für die nächsten Jahrzehnte gefährliche Ballungen ökonomischer Macht auf mehreren Weltmärkten gewärtigen: in der Unterhaltungsindustrie, in der Telekommunikationsindustrie, im Flugzeugbau und in der Zivilluftfahrt, auf den Erdöl- und Erdgasmärkten, vor allem aber auf den Finanzmärkten.

Der Amerikaner Francis Fukuyama hat 1989 unter dem etwas reißerischen Titel »Ende der Geschichte« behauptet, nachdem alle Ideologien ausprobiert worden seien, habe nunmehr die Kombination von Demokratie und Kapitalismus endgültig gesiegt. Wahrscheinlich hat er nicht einmal in bezug auf sein eigenes Land recht. Für uns Europäer aber wird sein Urteil gewiß nicht gelten.

Der Kapitalismus wird stark von der Habgier bestimmt. Als Ideologie enthält er weder einen Wertekanon noch eine Vorstellung von der Zukunft; die Ungleichheit unter den Menschen nimmt er für selbstverständlich. Typisch für das Denken des Kapitalismus ist ein Wort wie »Humankapital«, mit dem die Fähigkeiten von Menschen als kalkulierbare Größe auf die gleiche Stufe mit Finanzkapital und Sachkapital gestellt werden, oder das Wort *shareholder value* (das heißt Kursgewinn plus Dividende für den Aktionär), das als oberste Maxime für den ein Unternehmen leitenden Manager gelten soll. Manche der smarten Investmentmanager aus der Generation des Raubtierkapitalismus erinnern an die italienischen condottieri am Ende des Mittelalters, die als Anführer von Söldnertruppen ihre Soldaten für denjenigen einsetzten, von dem sie sich den größten Gewinn versprachen.

Ein internationaler Zusammenbruch der heute weit exaltierten Aktienkurse würde nicht nur das Börsenfieber drastisch reduzieren, dem auch eine Vielzahl von kleinen Leuten in Europa verfallen ist. Er würde auch zusätzliche Arbeitslosigkeit auslösen. Darüber hinaus würde ein solcher crash – jedenfalls in Europa – die Suche nach einer neuen Doktrin oder Ideologie beflügeln. Die kulturellen Traditionen der Europäer werden eine Auflösung ihrer gesellschaftlichen Grundwerte jedenfalls nicht zulassen. Denn anders als in den USA sind in Europa öffentliche Vorsorge und Fürsorge für kranke Menschen, für alte Menschen, für arbeitslose Menschen sowie Chancengleichheit für junge Menschen unverzichtbare Elemente der Kultur. Eine weltweite Wirtschaftsdepression mit Auswirkungen, die denen der frühen dreißiger Jahre vergleichbar wären, würde in Europa eher die Demokratie gefährden als das Prinzip des Wohlfahrtsstaates.

Die Wahrscheinlichkeit eines weltweiten crash an den Aktienbörsen beträgt vielleicht zwanzig Prozent. Auch wenn ein solcher crash nicht eintritt, weil ein glimpflicher Gleitflug der Aktienkurse ihm zuvorkommt oder weil die Zentralbanken in Washington, in Frankfurt und in London ihn rechtzeitig abfangen, wird doch früher oder später die Notwendigkeit eines neuen Gleichgewichts zwischen den wirtschaftlichen, gesellschaftlichen und politischen Kräften deutlich werden. Denn die Europäer können nicht hinnehmen, daß ihre Demokratien unter das Diktat eines globalen Raubtierkapitalismus geraten.

Nur ein sozial und moralisch gebändigter Kapitalismus, nur eine geordnete Marktwirtschaft können in den europäischen Demokratien akzeptiert werden. Eine wichtige Zukunftsfrage an die Europäer wird sein, ob wir es schaffen, zu einem neuen Konzept, zu einer neuen Synthese zu gelangen. Ich glaube, die Kräfte unserer Vernunft werden dafür ausreichen. Andernfalls droht Europa zu einer Dependance der USA werden – ähnlich wie vor zwei Jahrtausenden Athen eine römische Provinzstadt geworden ist. Aber dann würde sich unsere Abhängigkeit nicht nur auf dem politischen und dem sozialökonomischen Gebiet, sondern wahrscheinlich in vielen Bereichen unserer Kultur auswirken.

Weil zur Selbstbehauptung Europas Voraussicht und geistige Anstrengung nötig sind, wünsche ich mir manchmal, unsere führenden Politiker würden sich hin und wieder ganz privat über die Zukunft Europas und der Europäischen Union austauschen, statt öffentliche Auseinandersetzungen über ziemlich unwichtige Details ihrer Tagesarbeit zu führen. Denn auf ihre politische Führung kommt es an. Jede Demokratie braucht Führer. Dafür sind Spitzenmanager von Investmentbanken oder Automobilkonzernen kaum geeignet. Die Demokratie braucht vielmehr Politiker, die in ihrer Person Weitblick und Urteilskraft mit Verantwortungsbewußtsein und moralischer Integrität verbinden – und die außerdem das Fernsehpublikum überzeugen können.

Im Fernsehzeitalter nimmt das Vertrauen des Publikums in Programme, Manifeste oder auch Ideologien ab. Das Vertrauen in Personen nimmt zu. Die meisten wichtigen

Entscheidungen der deutschen auswärtigen Politik sind seit Adenauers Zeiten durch einzelne politische Führungspersonen gefällt und verwirklicht worden, nicht durch Mehrheitsbeschlüsse, sondern, im Gegenteil, oft genug zunächst gegen eine Mehrheit der öffentlichen Meinung (das galt für die Westbindung wie für den NATO-Beitritt, für die Ostpolitik, für die Nachrüstung und für den Euro). Das wird auch in Zukunft nicht anders sein. Es wird auch für die zukünftigen Entscheidungen über die EU nicht anders sein.

Die politischen Führungspersonen müssen bei allen wichtigen Fortschritten der Union ihren Nationen erklären, warum und wozu sie nötig sind. Sie müssen die Erinnerung an alle innereuropäischen Kriege wachhalten und zugleich die Erwartung zukünftigen Friedens durch die Union stärken. Sie sollen die ökonomischen Vorteile verständlich machen, welche die EU schon jetzt jedermann bringt. Zugleich aber müssen sie plausibel machen, warum gegenüber den weltweiten neuen Machtkonstellationen der einzelne Nationalstaat zu schwach ist, daß er deshalb der Union bedarf. Sie müssen gleichwohl den Bürgern das feste Gefühl geben, sich auf die Erhaltung ihres Nationalstaats verlassen zu können. Zur Darlegung dieser strategischen Grundmotive für die Europäische Union brauchen sie weder eine hohe Intellektualität noch tiefgehende ökonomische Kenntnisse. Wohl aber müssen sie selbst in ihrem Gewissen überzeugt sein, ihrem eigenen Volk zu dienen, indem sie zum gemeinsamen Wohl Europas handeln.

Wer statt dessen dem heimischen Fernsehpublikum triumphierend erläutert, welch großen Sieg er für sein Land soeben in der noch andauernden Ratssitzung der EU errungen hat, der mag vielleicht zu Hause die demnächst bevorstehende Wahl zu seinen Gunsten beeinflussen, aber er leistet seinem Land keinen guten Dienst. Und überdies kann er *à la longue* nicht überzeugen. Auch wenn politische Führer Versprechungen machen, überzeugen sie meist nicht wirklich. Wenig überzeugend sind sie zumeist auch dann, wenn sie sich dem Fernsehpublikum als Prestige-Wettbewerber auf dem Jahrmarkt der Eitelkeiten darstellen. Auch lange, auf Systematik und Vollständigkeit getrimmte Reden, von sogenannten Planungsstäben und Redenschreiberbüros ausgearbeitet, haben in der Regel kaum Wirkung.

Worauf es ankommt, ist vielmehr das persönliche Beispiel, die persönliche Glaubwürdigkeit. Deshalb hat Bill Clinton, trotz nahezu täglicher Fernsehauftritte, nach der Lewinsky-Affäre seine Glaubwürdigkeit nicht wiedererlangen können. Ein Gegenbeispiel war der italienische Präsident Pertini. Einfach im Ausdruck, aber zu Herzen gehend – und wirksam, weil persönlich absolut glaubwürdig. Ein ähnliches Beispiel gibt der polnische Papst. Wenn aber Führung nicht gegeben wird, dann ist das Feld frei für Demagogen, für politische Sekten und Splitterparteien, für autonome Gruppenbildung, für Fundamentalismus, auch für antidemokratischen Terrorismus. Dies auch deswegen, weil fast überall in Europa der Einfluß der Erziehung durch die Kirchen zurückgeht.

Heute ist das Fernsehen europaweit zum wichtigsten Erziehungsfaktor geworden. Allerdings nicht, weil es einen pädagogischen Auftrag hätte, sondern indirekt und unbeabsichtigt durch die Beispiele, die es täglich gibt, darunter viele Beispiele von Gewalttat und Mord. Das Fernsehen versorgt uns mit oberflächlicher Information: Was sich nicht in lebendigen Bildern erlebbar machen oder wenigstens illustrieren läßt, bleibt zumeist weg. Seit das private Fernsehen den Markt weitgehend erobert hat, werden wir mit Erzeugnissen der Trivialkultur geradezu überschwemmt, von albernen Western-Filmen, in denen zur Hauptsache geschossen wird, über »Bay-Watch«-Serien bis zu »Big Brother«. Die Dreizehnjährigen sitzen länger vor ihren Bildschirmen (wobei zwischen Fernsehen und Videos kein Unterschied ist) als in der Schule.

Die europäischen Nationen und ihre Regierungen und Parlamente werden in absehbarer Zeit die Frage beantworten müssen, ob sie eine zielgerichtete Erziehung wiederherstellen wollen und wie das ermöglicht werden kann – oder ob sie nicht wenigstens dem Beispiel der Franzosen folgen sollten, die sich gegen die Überflutung mit Vulgärkultur-Importen wehren. Es wird gewiß auch im neuen Jahrhundert eine europäische Literatur geben, europäische Kunst, Musik, Filme. Aber man muß sich fragen, wie weit diese Hochkultur in Zukunft die Menschen erreicht. Abgesehen vom Fußball erzielt seichte Unterhaltung die höchsten Einschaltquoten. Engagierte und gediegene Buchverlage werden von Mediengiganten aufgekauft, die ein Buch gar nicht erst verlegen, wenn es nicht mindestens zehntausend verkaufte Exemplare verspricht. Es könnte zutreffen, daß diese Phänomene Vorboten eines bevorstehenden Niederganges sind – Brot und Spiele und sonst nicht viel.

Ohne ein Minimum an gemeinsamer Ethik kann keine Gesellschaft auf die Dauer im Frieden mit sich selbst leben. Ohne ein Minimum an ethischer Übereinstimmung in den europäischen Nationen wäre auf die Dauer auch die Europäische Union nicht zusammenzuhalten. Früher waren nicht nur die Kirchen die Träger ethischer Normen, sondern auch die Philosophen, die Universitäten, die großen Aufklärer, die großen Pädagogen. Im 20. Jahrhundert hat sich das Schwergewicht verschoben. Karl Marx wollte keine Ethik kennen, aber die europäische Arbeiterbewegung wollte das sehr wohl; ebenso bemühten sich die großen ökonomischen Lehrer des 20. Jahrhunderts wie die Engländer William Beveridge und John Maynard Keynes oder der Deutsche Nell-Breuning um ethische Richtlinien. Aber als Reflex auf die Diktaturen des 20. Jahrhunderts – der Faschisten, der Nazis, der Kommunisten – kam es in den letzten Jahrzehnten zu einer starken Betonung der Rechte der einzelnen Person gegenüber dem Staat. Die Tugenden eines Menschen, auch seine Pflichten gegenüber der Gesellschaft sind dabei stark in den Hintergrund gedrängt worden.

Europa braucht eine gemeinsam akzeptierte Ethik, die Rechte *und* Pflichten umschließt. Tatsächlich ist diese gemeinsame Ethik als Erbe vergangener Jahrhunderte weitgehend vorhanden, wenn auch mehr unbewußt. Mir erscheint es wünschenswert, daß unsere politischen und unsere geistigen Führer die tatsächlich vorhandene gemeinsame Ethik ins öffentliche Bewußtsein heben.

Kann die Union den Erwartungen der Bürger gerecht werden?

Die Menschen in den derzeit fünfzehn Mitgliedsländern der Union verbinden mit der EU andere Erwartungen als die Menschen in den Staaten, die ihren Beitritt beantragt haben. Den Menschen in den ehemals kommunistisch regierten Staaten geht es zuallererst um Zugehörigkeit:

Man möchte unwiderruflich zum Westen gehören. Sodann verspricht man sich durch die EU Schutz vor dem mächtigen russischen Nachbarn im Osten. Zum dritten erhoffen sich viele vom Beitritt eine Gewähr für die Dauerhaftigkeit der Demokratie und der Menschenrechte im eigenen Land. Und schließlich – aber keineswegs zum geringsten – erwarten fast alle eine durchschlagende Verbesserung ihrer ökonomischen Situation.

Die Zugehörigkeit zum Westen wird in den Augen der Bürger mit einem Beitritt tatsächlich besiegelt. Der Schutz vor Aggression von außen ist – jedenfalls für Polen, Ungarn und die Tschechische Republik – auf lange Zeit freilich mehr eine Sache der NATO als der EU. Und den Bestand der Demokratie auf Dauer zu sichern ist in erster Linie überwiegend eine Aufgabe der jeweiligen Nation, nicht der Union.

Die erhofften ökonomischen Verbesserungen werden aufgrund des Beitritts gewiß eintreten – allerdings sehr viel später, als dies gemeinhin erwartet wird. Vor dem Beitritt müssen schwierige Anpassungen der Wirtschaftsstrukturen verwirklicht werden, um dem Wettbewerb im gemeinsamen Markt gewachsen zu sein – eine für viele zunächst schmerzhafte Operation. Nach dem Beitritt werden Milch und Honig aus dem Haushalt der Union nicht in gleichem Maße fließen können, wie es zuletzt beim Beitritt Spaniens, Portugals und Irlands der Fall gewesen ist.

Enttäuschungen werden unvermeidbar sein, denn die Annäherung an den durchschnittlichen Lebensstandard der Union wird eine ziemlich lange Zeit dauern. Schon heute machen sich Ungeduld und Enttäuschung breit. Dazu haben unrealistische Prognosen einiger Politiker – Regierungschefs, Minister, Mitglieder der Brüsseler Kommission – erheblich beigetragen. Einigen Politikern in den Beitrittsländern wurde es auf diese Weise leichtgemacht, die Schuld von vornherein auf Brüssel zu schieben.

In den fünfzehn heutigen Mitgliedsstaaten herrschen ganz andere Erwartungen vor. Im Grunde ist die Mehrheit der Meinung, daß alles so bleiben soll, wie es ist. Man hält die Bewahrung des Friedens für ganz selbstverständlich, ebenso den Bestand der Demokratie und der Menschenrechte. Ökonomisch erhofft man sich einen Abbau von Arbeitslosigkeit und Armut, aber man weiß, daß diese Aufgabe vornehmlich im eigenen Lande und durch Reform der eigenen Wirtschaftsstruktur gelöst werden muß. Man erwartet einen weiteren Anstieg des allgemeinen Lebensstandards und weiß, daß er ohne die Zugehörigkeit zur EU länger dauern würde.

In England gibt es daneben die Besorgnis, die bevorstehende Strukturreform der Union könne das Selbstbestimmungsrecht der Engländer beschädigen; diese Besorgnis gibt es, allerdings etwas schwächer, auch in Dänemark (und übrigens auch in Polen). In Deutschland kursieren Ängste wegen befürchteter Zuwanderungen aus Beitrittsländern im Osten Mitteleuropas; umgekehrt hofft man in Finnland auf einen baldigen Beitritt der nach Herkunft und Sprache verwandten Esten.

Insgesamt sind die Erwartungen, welche die Bürger der Mitgliedsstaaten heute an die Europäische Union richten, deutlich bescheidener als diejenigen der Bürger in den Beitrittsländern. Sie sind auch zurückhaltender und bescheidener als die Vorstellungen, welche den Erklärungen des Europäischen Rates zugrunde liegen. Während diese Erklärungen bezüglich der inneren Reform der EU nicht tief genug gehen – und insofern entsprechen sie den zurückhaltenden Erwartungen der Bürger, die von einer tiefergehenden Reform erst noch überzeugt werden müssen –, gehen die Erklärungen bezüglich der Erweiterung um neue Mitgliedsstaaten tatsächlich zu weit. Auch bezüglich der Erweiterung herrscht bei der Mehrheit der Bürger der Mitgliedsstaaten ziemlich skeptische Zurückhaltung. Sobald es zu den ersten Beitritten kommt, müssen die Bürger erst noch überzeugt werden, daß die damit verbundenen Risiken und Opfer notwendig sind und daß sie sich auf längere Sicht für *alle* Beteiligten lohnen werden. Unsere Regierungen und der Europäische Rat stehen vor der Aufgabe, den Erwartungshorizont der Bürger der EU besser zu beleuchten – und ihn realistisch weit über den Tag hinaus um mindestens ein Jahrzehnt in die Zukunft zu erweitern.

Dies ist keine leichte Aufgabe; denn Politiker stehen immer vor irgendeiner Wahl, und jeder Wahlkampf bringt zwangsläufig die Versuchung mit sich, den Bürgern Dinge zu sagen, von denen die Politiker meinen, daß die Bürger sie gerne hören. Dies führt dazu, daß die einen in allgemeine, wohlklingende Phrasen über Europa ausweichen und die anderen die EU zum Sündenbock für allerlei Beschwernisse oder Mißstände machen. Die eine Attitüde dient der Sache kaum, die andere schadet ihr. Zum Lobe der Politiker ist aber festzustellen, daß die meisten positiv von Europa reden – je realistischer, um so besser.

Für interessierte Bürger ist die öffentliche Diskussion über die gemeinsame Identität der Europäer hilfreich, wie sie zum Beispiel von Vaclav Havel und anderen Autoren geführt wird. Der tschechische Präsident hat jüngst begrüßt, daß »das europäische Bewußtsein aus einer nicht näher definierbaren Selbstverständlichkeit erwächst«; das Nachdenken darüber werde das Selbstbewußtsein stärken, das wir Europäer für die Koexistenz in einer multipolaren Welt nötig hätten.

Der nationalistische Linkssozialist J. P. Chevènement dagegen hat vor zwei Jahren gesagt: »Die europäische Identität ... ist eine gute Idee. Diese Identität ist notwendig. Aber sie muß noch erfunden werden.« Seine Europa-Skepsis hinderte ihn allerdings nicht, ausdrücklich das wachsende Gefühl europäischer Solidarität unter den Nationen zu begrüßen und dabei auf den Gleichklang zwischen Deutschland und Frankreich zu vertrauen; jedoch setzte dieser Franzose bezüglich der europäischen Integration ganz auf die Rolle der Nationalstaaten.

Der italienische Schriftsteller Umberto Eco dagegen prophezeite etwa gleichzeitig das bevorstehende Ende der europäischen Nationalstaaten. Ich glaube nicht, daß Ecos Einschätzung eintreffen kann. Allein schon die Geburt von zwanzig Nationalstaaten nach der Auflösung der Sowjetunion und des alten Jugoslawien spricht für das Gegenteil. Was die Bedeutung des Nationalstaates angeht, hat Chevènement zwar tendenziell recht, aber er übertreibt: die europäische Identität muß keineswegs erst noch erfunden werden.

Havel sprach von der Notwendigkeit, über das gemeinsame europäische Bewußtsein nachzudenken. Leider erreicht das Nachdenken für gewöhnlich nicht allzuviel Menschen. Vielleicht sollte man deshalb versuchen, einem großen Publikum aus allen Nationen der Union das gemeinsame Erbe und die gemeinsamen Werte audiovisuell hörbar und sichtbar zu machen, mit allen Möglichkeiten moderner Kommunikationstechniken. Viele Europäer kennen ihre Partner in der Union nur aus der Perspektive des Touristen, aber das ist eine sehr einseitige Sicht. Jenseits der Strände und Skipisten, der Museen und Kirchen und sonstigen Sehenswürdigkeiten eines Landes sollten ihnen auch alle anderen Perspektiven der europäischen Identität ins Bewußtsein gehoben werden.

Ich könnte mir vorstellen, daß einige der großen Stiftungen, Fernsehanstalten oder Medienkonzerne sich zusammentun, um gemeinsam einen Wettbewerb auszuschreiben. Thema: Worin besteht eigentlich unsere Gemeinsamkeit? Woher kommt die Dreiteilung der öffentlichen Gewalt in Legislative, Exekutive und Justiz? Wer hat die Menschenrechte »erfunden«? Wieso schreiben wir alle mit lateinischen Buchstaben und mit arabischen Ziffern? Dem Multimedia-Konzept, das einen derartigen Fragenkatalog in inhaltlicher und technischer Hinsicht überzeugend zu präsentieren versteht, sollten die Initiatoren gemeinsam zur Realisierung verhelfen.

Das bisweilen beklagte »kulturpolitische Defizit der EU« aufzufüllen ist keine Sache für Beamte, sondern für Autoren, Cineasten, Regisseure. Mir ginge es bei einem solchen Versuch auch weniger um die sogenannten Eliten als vielmehr um jene Mehrheit von ganz normalen Bürgern, die Spaß daran haben, große Shows zu besuchen, Kinos, Festivals, Fußballspiele oder auch eine Weltausstellung.

Zwanzig Thesen und ein persönliches Bekenntnis

Auf einige der Thesen, die in diesem Buch vorgetragen wurden, kommt es mir besonders an. Sie sollen hier in vereinfachter Form kurz zusammengefaßt werden.

1) Die Nationen Europas stehen im 21. Jahrhundert vor *neuartigen Herausforderungen*. Diese entspringen einer in der Geschichte einmalig schnellen Vermehrung der auf der Erde lebenden Menschen und einer sich anbahnenden globalen Klimaveränderung.

Beide Prozesse bergen in sich die Tendenz zu regionalen und lokalen Kriegen sowie zu massenhaften Wanderungsströmen in Richtung Europa und Nordamerika. Außerhalb Europas werden alte und neue Weltmächte mit Vehemenz danach streben, die Folgen globaler Gefährdungen auf andere abzuwälzen. Die gleichzeitige Globalisierung der Finanzmärkte gefährdet die ökonomische und politische Selbstbestimmung einzelner Staaten. Die technologische Globalisierung gefährdet Arbeitsplätze und Wohlstand in Europa.

2) Die europäischen Nationalstaaten werden einzeln, jeder für sich allein, diesen Herausforderungen nicht gewachsen sein. Zu ihrer Selbstbehauptung ist eine *Bünde-*

lung der Kräfte notwendig. In diesem Sinne wird die Europäische Union zu einer Notgemeinschaft.

3) Die heutige Europäische Union mit fünfzehn Mitgliedsstaaten hat sich im Laufe von fünfzig Jahren aus bescheidenen Anfängen entwickelt. Der mit dem Schuman-Plan ab 1950 eingeleitete *Prozeß des freiwilligen Zusammenschlusses von souveränen Staaten* ist in der Geschichte ohne Beispiel oder Vorbild. Es ist deshalb kein Wunder, daß der heute erreichte Zustand noch mit Unvollkommenheiten und Fehlern behaftet ist.

4) Vor dem Hintergrund der Lage Europas am Ende des Zweiten Weltkriegs ist der erreichte *Status der Union ein fast unglaublicher Erfolg*. Dieser Status ist ausbaufähig. Die führenden Staatsmänner haben den Willen zum Ausbau bekundet, ebenso den Willen zur Erweiterung durch Aufnahme weiterer Staaten, insbesondere von Nationen, die lange unter sowjetischer Vorherrschaft und kommunistischer Diktatur gelitten haben.

5) Die Völker stimmen der doppelten Zielsetzung von Ausbau und Erweiterung der Union zu. Sie haben dabei allerdings vielfältige, aus der Geschichte herrührende Hemmungen zu überwinden. Deshalb können *Ausbau und Erweiterung nur schrittweise* und im Laufe der Zeit geleistet werden.

6) Dabei sind die am Beginn des Integrationsprozesses und in den darauffolgenden Jahren maßgebenden strategischen Prinzipien festzuhalten, nämlich – in historischer

Reihenfolge – erstens die politische und ökonomische Abwehr sowjetischer und kommunistischer Bedrohung, zweitens die Einbindung Deutschlands in den politischen und wirtschaftlichen Zusammenhang der europäischen Demokratien und drittens das Prinzip des gemeinsamen ökonomischen und sozialen Vorteils durch einen gemeinsamen, offenen Markt.

Das erste dieser drei Prinzipien hat seinen Gegenstand weitgehend verloren, es erscheint als obsolet. Das zweite Prinzip und das dritte Prinzip bleiben wichtig, sie werden in der Union allgemein bejaht und verfolgt. *Jetzt tritt als zusätzliches strategisches Motiv die Notwendigkeit gemeinsamer Selbstbehauptung hinzu, das heißt das Prinzip der vollen Handlungsfähigkeit der Europäischen Union nach außen.*

7) Die Besorgnisse mancher unserer Nachbarn vor deutscher Macht und Unberechenbarkeit waren vor fünfzig Jahren vollauf gerechtfertigt. Im Laufe der Jahrzehnte haben solche Ängste viel von ihrem einstigen Gewicht verloren. Seit Deutschland 1990 nach der Zahl seiner Bürger größer geworden ist als alle anderen EU-Staaten, sind die latenten Besorgnisse wieder ein wenig gewachsen. Wir Deutschen dürfen nicht vergessen, daß unsere Selbsteinbindung in die Union eine notwendige Bedingung dafür ist, *eine abermalige Isolierung Deutschlands zu vermeiden*. Sie liegt in unserem eigenen strategischen Interesse. Auf sich allein gestellt wäre Deutschland den Herausforderungen des 21. Jahrhunderts noch weniger gewachsen als einige der anderen EU-Staaten.

8) Die Franzosen haben den europäischen Integrationsprozeß in Gang gesetzt, er ist zum großen Teil ihr Werk. Sie wissen, daß die weitere Entfaltung der Union nicht möglich ist, ja daß der heute erreichte Zustand gefährdet wird, wenn Frankreich sich nicht in ähnlicher Weise in die Union einbindet wie Deutschland. Die »bonne entente« (Giscard d'Estaing), die *engste Zusammenarbeit zwischen Paris und Berlin,* bleibt die kardinale Voraussetzung für den Erfolg des europäischen Integrationsprozesses. Das Tandem von Deutschen und Franzosen liegt im strategischen Interesse beider Nationen.

9) Der gemeinsame Markt hat sich als großer Erfolg für alle Beteiligten erwiesen. Der Erfolg wird noch einmal wachsen als Folge der gemeinsamen Währung. Der Euro und die Europäische Zentralbank werden auf den Weltmärkten großes Gewicht erlangen, keine andere Zentralbank, kein anderer Staat, auch nicht der Weltwährungsfonds wird den Euro manipulieren können. Doch braucht die EU für die Zukunft *eine eigene Finanzaußenpolitik*, nicht nur gegenüber dem Weltwährungsfonds, sondern auch, um die ökonomisch gewichtigen Staaten der Welt zu einer gemeinsamen Ordnung auf den globalen Finanzmärkten zu bewegen – einschließlich einer funktionierenden Aufsicht über verantwortungslos spekulierende Finanzhäuser.

10) Die Amerikaner haben außerordentliche Verdienste um den Wiederaufbau in Europa und in der Abschreckung sowjetischer Drohung. Seit dem Verschwinden der Sowjetunion hat das Verhältnis der USA und ihrer politischen

Klasse zu Europa jedoch an Eindeutigkeit verloren. Seit einige Amerikaner ihr Land als die unverzichtbar einzige Supermacht betrachten, die den Auftrag hat, die Welt als Ganze und jedenfalls den »eurasischen Kontinent« mit Hilfe der NATO in Ordnung zu halten und zu diesem Zweck Europa als Brückenkopf zu dominieren, nehmen die Spannungen zu. Noch vor einem Dutzend Jahren hätten es die Staats- und Regierungschefs der EU nicht für nötig gehalten, eine eigene gemeinsame Außen- und Sicherheitspolitik zu proklamieren. Für die Zukunft ist kaum zu erwarten, daß Washington eine weitere Stärkung der EU mit Zustimmung begleiten wird. Die EU wird sich bemühen müssen, ihre außenpolitische und *strategische Abhängigkeit von Amerika schrittweise zu verringern,* gleichwohl *aber die Partnerschaft des Verteidigungsbündnisses aufrechtzuerhalten.*

11) Der Entschluß der europäischen Staats- und Regierungschefs zum *Aufbau einer gemeinsamen Außen- und Sicherheitspolitik* der EU war notwendig. Die Verwirklichung wird zahlreiche Hindernisse zu überwinden haben und viel Zeit, weit über ein Jahrzehnt, in Anspruch nehmen; denn sie trifft auf große objektive und subjektive Hindernisse.

12) Die Herstellung einer gemeinsamen Außen- und Sicherheitspolitik wird durch die geplante *Erweiterung der EU* zusätzlich erschwert werden. Gleichwohl ist die Aufnahme einer Reihe von Staaten im Osten Mitteleuropas aus moralischen Gründen der Solidarität sowie aus geopolitischen Gründen geboten. Sie sollte schrittweise erfolgen, um

eine Überforderung der EU zu vermeiden. Sie sollte *keinesfalls vor der Vollendung der jetzt anstehenden Strukturreform* der EU beginnen, denn dadurch würde die ohnehin diffizile Reform noch zusätzlich erschwert.

13) Die Strukturreform der Union sollte eine Reihe von Fehlentwicklungen korrigieren. Dazu gehören: Ausweitung des Mehrheitsprinzips anstelle des Einstimmigkeitsprinzips im Rat; eine Neuordnung der Stimmgewichte unter Berücksichtigung der künftigen Beitritte; desgleichen eine Verringerung der Zahl der Mitglieder der Kommission; und eine wesentliche Stärkung des Europäischen Parlaments in Straßburg.

Es sollte keinerlei Art von Gesetzgebung ohne Zustimmung des Parlaments geben, das Parlament muß alle Akte der Organe der EU öffentlicher Kritik und damit der Kontrolle unterziehen können. Denn die EU braucht *ein höheres Maß an Legitimität* in der öffentlichen Meinung ihrer Bürger. Dagegen wäre das Surrogat einer »Verfassung« für die Union zumindest verfrüht, weil es keine gemeinsame Regierung und kein Oberhaupt gibt und weil vor allem eine eindeutige Abgrenzung der Kompetenzen zwischen den Staaten und der Union noch nicht möglich ist.

14) Die Union ist kein Staat. Sie ist deshalb auch kein Bundesstaat, sie sollte auch keiner werden wollen. Sie ist jedoch auch kein klassischer Staatenbund. Nach ihrer Aufgabenstellung und nach ihren Strukturen ist die EU etwas völlig Neues, ein dynamisches Unikat, das im Begriff ist, seine Aufgaben zu verändern und zu erweitern. Dabei darf

die EU *die Nationalstaaten nicht aushöhlen*. Der Nationalstaat ist – und bleibt für lange Zeit – der bei weitem wichtigste Ankergrund für die politische Selbstidentifikation der Bürger Europas. Deshalb müssen die Organe der EU und vor allem das Parlament ihre Aktivitäten endlich dem Subsidiaritätsprinzip unterwerfen; manche der bürokratischen Übergriffe in die Prärogativen der Mitgliedsstaaten sollten rückgängig gemacht werden.

15) Auf längere Sicht wird die *Herausbildung eines inneren Kerns der Union* unvermeidlich werden. Von fünfzehn Staaten nehmen bisher vier nicht an der gemeinsamen Währung teil; nach der angestrebten Erweiterung wird möglicherweise ein Großteil der 21 oder gar 27 Staaten sich nicht beteiligen wollen oder können. Eine gemeinsame Außenpolitik so vieler Staaten ist ganz und gar eine Utopie. Wahrscheinlich wird sich der innere Kern aus den sechs Gründungsstaaten der Montanunion bilden – dieser Kern muß aber erweiterungsfähig sein. Der EU-Vertrag muß dazu nicht geändert werden; alle bisherigen und zukünftigen Mitgliedsstaaten werden ihre Rechte und – hoffentlich – auch ihre Pflichten ungeschmälert wahrnehmen können. Um die EU herum mag es dann einen Ring assoziierter Staaten geben, der sich vornehmlich wohl aus denjenigen Beitrittskandidaten bilden wird, welche die Beitrittskriterien nicht erfüllen.

16) Die *Erweiterung der Union kann vernünftigerweise nur schrittweise* erfolgen. Denn sie zwingt bei jedem Schritt zur Neuordnung der Finanzierungs- und Haushaltsstrukturen der EU. Dabei sollte insbesondere das Füllhorn der strukturpolitischen und agrarpolitischen Subventionen

reduziert werden, beide erzielen bei hohem Aufwand einen relativ geringen wirtschaftlichen Effekt.

17) Unabhängig von der zeitlichen Reihenfolge, in der die Beitrittskandidaten die gesetzten Bedingungen erfüllt haben werden, sollten die *Beitritte Polens, der Tschechischen Republik und Ungarns Priorität* haben. Dafür sprechen alle Gründe der Moral, der Psychologie und auch geopolitische Abwägungen.

18) Aus geopolitischen Gründen und wegen erheblicher kultureller Unterschiede sollten alle Überlegungen abgelehnt werden, die darauf abzielen, einzelne Nationen des russischen Kulturkreises oder gar Rußland selbst zum Eintritt in die EU einzuladen. Wohl aber ist *eine klare, positive Rußland-Politik* geboten; sie kann wesentlich zur Entspannung im Osten Mitteleuropas beitragen.

19) Geopolitische Erwägungen und demographische Prognosen, vor allem aber die Anerkenntnis großer kultureller Verschiedenheit sollten dazu führen, Abstand zu nehmen von wortreichen, in Wahrheit unredlichen Erklärungen über eine Beitrittskandidatur der Türkei. Allerdings braucht die EU *eine positive, eindeutige Politik auch gegenüber der Türkei,* die deren Entwicklung und Selbstbewußtsein hilfreich ist.

20) Es wäre der Kultur Europas angemessen, wenn nicht nur die politischen Wortführer der EU, nicht nur nationale Politiker und Regierungen, sondern wenn auch geistliche Oberhirten, Schriftsteller und Hochschullehrer, Journali-

sten und Publizisten, wenn alle überzeugten Europäer es als ihre Aufgabe betrachteten, die gemeinsamen sittlichen Grundwerte der Europäer ins öffentliche Bewußtsein zu heben. Eine gemeinsame Moral der Europäer existiert durchaus. Wir alle sollten dazu beitragen, diese Tatsache erlebbar zu machen.

Ein persönliches Wort zum Schluß

Am Ende dieses Buches will ich bekennen, daß ich mich nie für einen Europa-Idealisten gehalten habe. Ich war und bleibe ein engagierter Anhänger der europäischen Integration aus strategischem, patriotischem Interesse.

Aus dem strategischen Interesse *seines* Volkes hat Winston Churchill 1946 den ersten Anstoß gegeben. Aus dem patriotischen Interesse *seines* Volkes hat Jean Monnet die Integration vorangebracht. Kein Politiker, der sich seiner Verantwortung vor der eigenen Nation bewußt ist, könnte für die europäische Integration eintreten, wenn er nicht überzeugt wäre, damit zugleich den Interessen seines Landes zu dienen.

Ich bin seit 1949 für die Selbsteinbindung Deutschlands in die damals erst noch zu schaffende Gemeinschaft der Völker Europas eingetreten. Ich halte sie heute, nachdem Deutschlands Bevölkerung durch die Vereinigung so gewachsen ist, für zwingend notwendig – aus unserem eigenen Interesse. Ich weiß, daß diese Einbindung dann verdorren und ihren Zweck verfehlen würde, wenn Frankreich sich nicht in gleicher Weise einbinden wollte. Deshalb war meine persönliche Freundschaft mit Valéry Giscard d'Estaing ein besonders glücklicher Zufall. Giscard war als Staatspräsident zu ähnlichen Ansichten gelangt wie ich als Bundeskanzler. Seit den Zeiten von Konrad Adenauer und Kurt Schumacher stand für mich die strategische Notwendigkeit für uns Deutsche fest, die enge Kooperation mit Frankreich zu suchen. Gemeinsam mit Giscard habe ich sie später viele Jahre lang praktisch verwirklichen dürfen.

Mit großer Sorge habe ich dann im Herbst 1989 und während des Jahrzehnts seither beobachtet, wie die enge Zusammenarbeit sichtbar zerbröselte und wie sich auf beiden Seiten Mißtrauen einschlich, obwohl François Mitterrand und Helmut Kohl vorher sieben Jahre lang eng und gut zusammengearbeitet hatten. Deshalb habe ich im Mai 1990 in einem Buch über die Deutschen und ihre Nachbarn geschrieben: »Frankreich besitzt völkerrechtliche, vertragliche und nukleare Trumpfkarten, die wir Deutschen nicht haben und nicht haben werden. Viel wichtiger aber ist dies: Frankreich hat in der Völkergemeinschaft der Welt ein enormes, auf seine Geschichte und seine Kultur gegründetes Prestige als Nation, während auf uns Deutschen noch generationenlang die Erinnerung an Auschwitz und alle anderen Naziverbrechen lasten wird. Deshalb bedürfen wir Deutschen der Franzosen, ihres Verständnisses, ihrer politischen Initiativen und ihrer Führung in Europa. Frankreich aber muß sich für seine weltpolitische Position entscheiden zwischen der Möglichkeit einer autonomen Sonderrolle und der Möglichkeit zur initiativen Führung in Europa.«

Ich habe daran heute nichts zu korrigieren, im Gegenteil. Weil die Abkühlung des deutsch-französischen Führungskonsenses bis an die Schwelle des neuen Jahrhunderts angedauert hat und weil die Abkühlung auch die öffentliche

Meinung in unseren beiden Völkern beeinflußt hat, wiederhole ich noch einen anderen Satz aus jenem zehn Jahre alten Buch: »Die politische Klasse Frankreichs kann auf den großen Erfolg der Europäischen Gemeinschaft stolz sein, denn sie ist zum wesentlichen Teil ihr Werk.«

Im Jahre 2000 habe ich den Eindruck, daß Jacques Chirac und Gerhard Schröder im Begriff sind, die Irritationen des letzten Jahrzehnts zu überwinden. Sie müssen beide wissen: In den Grundfragen der europäischen Politik und für den Fortschritt der Europäischen Union ist der Konsens zwischen Deutschen und Franzosen unerläßlich. Er ist eine *conditio sine qua non* für die Selbstbehauptung der Europäer in einem neuen Jahrhundert, das die alten Völker Europas mit ganz neuartigen Gefährdungen konfrontieren wird. Frankreich muß wissen, daß wir Deutschen zu einer engeren gegenseitigen Bindung an unsere französischen Nachbarn bereit sind, als dies vom EU-Vertrag vorgesehen ist.

Wenn wir jedoch die Europäische Union verkümmern oder gar scheitern ließen, wenn sie ein ähnliches Schicksal erleiden sollte wie die Neuordnung Europas vor dreiein halb Jahrhunderten im Westfälischen Frieden oder 150 Jahre später auf dem Wiener Kongreß, dann bliebe der noble Anfang nicht viel mehr als ein interessantes Thema für spätere Historiker. Für uns selbst aber, für die Bürger Europas, und für unsere Nachkommen würde ein solcher Verfall eine Tragödie nach sich ziehen, nämlich den endgültigen Verlust der Selbstbestimmung.

Wichtiger als alle Verträge und Paragraphen sind Einsicht und Prinzipientreue, Gesinnung, Führung und Beispiel.

»Nun ist der Name Sebastian Haffners wieder in aller Munde.«

Volker Ullrich, DIE ZEIT

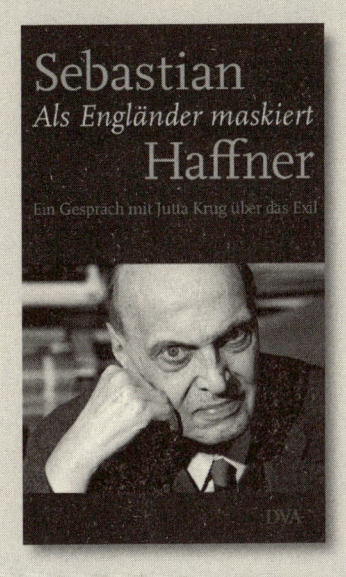

120 Seiten
Geb. mit Schutzumschlag
€ 16,90 | sFr 30,20
ISBN 3-421-05616-1

Das hier erstmals veröffentlichte Interview der damaligen Studentin Jutta Krug aus dem Jahr 1989 zeigt, wie Haffner im Exil in England Heimatlosigkeit und Entwurzelung durchlebt hat. Er gibt in diesem Interview detailliert Auskunft zu seinen Gründen, Deutschland zu verlassen, zu dem Weg, den er dazu wählte und zu den Schwierigkeiten, die er zunächst in England hatte. »Als Engländer maskiert« liefert den biographischen Hintergrund zu Haffners Jahren in England und nimmt den Faden dort auf, wo die »Geschichte eines Deutschen« abbricht.

DVA
www.dva-buch.de

»Adenauerstaat und APO. RAF und Anti-AKW-Bewegung. SPD und ›Deutscher Herbst‹ (1977). Woher kamen die Grünen? Sie waren rebellisch und wollten eine völlig andere Gesellschaft, soziale Gerechtigkeit und Emanzipation, ein Leben ohne Ausbeutung, Krieg, Rassismus und Naturzerstörung. Eine Alternative sein zu den etablierten Parteien. - Die Grünen heute: eine unsoziale, naturzerstörerische Atom- und Kriegspartei.«

Jutta Ditfurth, Mitbegründerin der Grünen und ehemalige Bundesvorsitzende, zieht kompromißlos Bilanz über den Niedergang einer Partei, die einmal eine Hoffnung war.

Jutta Ditfurth

Das waren die Grünen
Abschied von einer Hoffnung
Originalausgabe

Econ | Ullstein | List

Unternehmerische
Spitzenleistungen in Europa
werden angesichts der großen
Konkurrenz aus den USA und
Asien oft übersehen. Robert
Heller präsentiert europäische
Unternehmen, die auf ganz
unterschiedliche Weise
erfolgreich umstrukturiert
wurden – gemeinsam ist ihnen
nicht nur der Wille zur
Erneuerung, sondern auch die
Fähigkeit zu schnellem und
flexiblem Handeln.
Mit zahlreichen Beispielen von
Erfolgsfirmen wie Adidas,
Bosch, Ericsson und Siemens

*10 Schlüsselstrategien für
unternehmerischen Erfolg*

Robert Heller

**Auf der Suche nach
Spitzenleistungen in Europa**
10 Schlüsselstrategien europäischer Top-Unternehmen

Econ | **Ullstein** | List

Was unterscheidet den Deutschen von seinen europäischen Nachbarn? Was bedeutet es heute überhaupt, ein Deutscher zu sein? Und wann werden Ost- und Westdeutsche zu einer gemeinsamen Identität finden? Christian Graf von Krockow beleuchtet diese hochaktuellen Fragen aus verschiedenen Perspektiven. Ein Buch, das mit alten Vorurteilen über das Deutschsein aufräumt und neue Wege zum deutschen Selbstverständnis zeigt.

Christian Graf von Krockow
Über die Deutschen

»Ein Briefwechsel, der aufgrund persönlicher Beobachtungen und Begegnungen des Autors besonders lesbar geraten ist.«
Frankfurter Allgemeine Zeitung

Econ | **Ullstein** | List

In der von Helmut Schmidt gegründeten Freitagsgesellschaft nehmen hochrangige Wissenschaftler, Politiker und Publizisten zu wichtigen Fragen unserer Zeit Stellung. Ob Helmut Schmidt selbst über das »ganz andere 21. Jahrhundert« berichtet, Ernst-Ludwig Winnacker über die Gentechnologie oder Siegfried Lenz über amerikanische Literatur – stets äußern sich ausgesprochene Fachleute, die zum Verständnis einer immer komplizierteren Welt beitragen wollen.

Helmut Schmidt (Hg.)

Erkundungen
Beiträge zum Verständnis unserer Welt

Econ | ULLSTEIN | List